夜遅くてもパパッとできる

ほどほど丁寧ごはん

山本りい子

KADOKAWA LifeDesign

はじめに

はじめまして。山本りい子です。

小学生の頃、私の野菜嫌いを見兼ねて母がベランダできゅうりを育ててくれました。新鮮なきゅうりはそのままでも十分おいしい！ シンプルに素材を味わうという原体験です。

私自身が共働きなので、料理したいけど時間も心の余裕もないということも。
でも、外食したり、お惣菜を買ったりする気分ではない……。
そんなとき、肉と野菜をフライパンで一緒に蒸し焼きや蒸し煮にしてシンプル調理にしています。
蒸し時間は10分足らずのものが多々。基本はほったらかしOKなので、その間にたれを作ったり、スープやサラダを作ったりすれば、20分足らずで献立のでき上がり。
しかも、野菜たっぷりの蒸し料理なので、夜遅くに食べても罪悪感なし。野菜や肉の種類を変えたり、たれを変えたりすれば飽きることなく、いろいろなパターンを楽しめます。

この本では、私が普段からよく作っているフライパン蒸しのレシピと、混ぜるだけのたれやすぐできるサラダや汁ものなど、123品を紹介しています。
忙しい人にこそおすすめしたい、隠れズボラの「ほどほど丁寧ごはん」。ぜひお試しください。

フライパン蒸しのいいところ

フライパン蒸しは簡単なうえにいい点がたくさん。
とくにおすすめしたい3つのポイントを紹介します。

肉（または魚介）と野菜を一緒に調理できる

私が紹介するレシピでは、野菜の上に肉（または魚介）をのせて蒸すものが多数。フライパンを蒸し器代わりに使い、野菜を直接のせたり、クッキングシートや平ざるを使ったりすることもあります。一皿で野菜もタンパク質もバランスよく食べられるのがフライパン蒸しの魅力のひとつです。

油分が少なめだからヘルシー

フライパン蒸しは炒めものや揚げものに比べて油分がぐっと少ないので、遅い時間に食べても罪悪感がありません。さらに、調理道具はフライパンひとつで、さらに油が少ないから少量の洗剤ですっきり洗い物が完了するのもうれしいポイント。洗い物を減らすアイデアはP8でも詳しく紹介しています。

調味は最小限で、みんなが食べやすく

食材の下味は最小限にして、混ぜるだけのたれを添えたり、卓上調味料で好みに合わせて味を変えたりして食べるものが定番です（詳しくはP7）。これならガッツリ濃いめの味つけが好きな旦那さんや、辛いものは食べられないお子さんなどでも安心。家族みんながおいしく食べられるレシピを心がけています。

フライパン蒸しに使う道具

主役のフライパンのほか、この本で主に使う道具を紹介します。
おすすめポイントも記載していますので、道具を選ぶ際の参考にしてください。

❶フライパンは直径26cmのものを使用。私は焦げつきにくくてさびにくい鉄製フライパンを使用していますが、使いやすいもので◎。鉄製フライパンを使う場合は、使い終わったあとにしっかり乾かし、ときどき油を薄く塗り広げるとよいです。❷ふたはフライパンにぴったり合うものを。蒸気が抜けやすいと火通りが悪くなるので注意します。❸クッキングシートは幅30cmくらいのものが使いやすいです。空焚きにならないよう必ずクッキングシートの下に水を注いで火にかけるように注意しましょう。また、フライパンからシートがはみ出さないようにすることにも気をつけて（詳しくはP15を参照）。❹トングは先が細いものだと、指先と同じように作業ができて使いやすいです。❺平ざるは100円ショップで100〜300円で購入できます。オールステンレスで無駄のないデザインが◎。❻キッチンばさみはオールステンレスで分解ができ、洗いやすいものを使っています。❼ピーラーはほどよい厚さに削れるものを愛用。仕上げのにんじんや大根を削る際にも便利です。❽小さめのゴムベラは味つけするときに重宝。同じものをたくさん用意しておき、すぐに手に取れるようにしています。

フライパン蒸しにおすすめの食材

この本でよく使っている、フライパン蒸しに適した食材を紹介します。
その時期の旬で手に入りやすいもので調理してみてください。

❶火通りがよく、かさ増しできるきのこ類はフライパン蒸しにぴったり。価格が安定しているのもうれしいところ。

❷蒸すことでかさがぐっと減るので、大根やキャベツなどは丸ごと積極的に使います。

❸もやしや豆苗は水分が多いので、フライパン蒸しに最適。にらは緑を足したいときにも便利なので、キッチンばさみで切って使うことが多いです。

❹ひき肉や薄切り肉、唐揚げ用肉など、カットせずに使える肉が便利です。また、骨の少ない切り身魚も、切る必要がなく、下ごしらえや片付けもラクチンで蒸し料理には欠かせません。

基本調味料と卓上調味料

基本調味料から、にんにく、しょうが、あると便利な卓上調味料まで。
私がよく使うおすすめの調味料を紹介します。

基本調味料

❶酢は千鳥酢を愛用しています。❷しょうゆは昔ながらの製法のものを。❸酒は純米酒をチョイス。さまざまな料理に使うので大容量をストックしています。❹オイスターソースはたれに使うとコクが出てお気に入り。❺本みりんを使用。自然な甘みが出ます。❻塩は天日塩を使っています。塩の代わりに自家製の塩麹を使うこともあります。

油

❶ごま油は香り高いものを選ぶようにしています。少量使うだけで風味がぐっと増すのがお気に入り。❷油はなたねサラダ油を使用。本書のレシピで「油」と表記している場合は、お好みの油で調理してください。

にんにく、しょうが

生のにんにく、しょうがを使うこともありますが、手軽に作りたいときは市販のすりおろしを使用。国産のものを見つけると購入するようにしています。手に入れやすいチューブのものを使ってももちろん構いません。

卓上調味料

私の両親は共働きで料理担当は父でした。肉や魚を焼いただけのシンプルなものが多く、常に食卓には卓上調味料が置いてありました。塩やしょうゆを好みでプラスし、仕上げは自分で。いま思うと合理的なスタイルでした。料理の仕事を始めてから調味料をたくさん使うのが料理だと思い込んでいて、味のレパートリーに悩むことも。そんななかでフライパン蒸しに出会い、ベースの調味は控えめにして必要な人が必要な分だけ味を足せるたれ別添え・卓上調味料は画期的だと再確認しました。我が家でよく使う卓上調味料を紹介します。写真左からラー油、ゆずこしょう、ポン酢、しょうゆ、練りがらし、わさび。

洗い物を減らすアイデア

料理は好きだけれど、洗い物はできるだけ減らしたい！
私が日ごろからしている洗い物レスのテクニックを紹介します。

カットはなるべくはさみで

野菜は包丁で切ることが多いですが、肉類はキッチンばさみで、しかもトレーの中で切れば洗い物は最小限。私はトングを使って手も汚さないようにしています。こうすれば次の作業にすぐに移れます。にらや小松菜などの葉物を切るときにもキッチンばさみは便利です。

調味もトレーで完結！

肉や魚の下味もトレー内でつければ後片付けがラク。また、つくねなどを作るときは、ねぎのみじん切りなどもトレー内で混ぜてしまいます。ただし、そのまま混ぜるとこぼれてしまうので、ひき肉に押しつけるようにして小さめのゴムベラで混ぜるのがポイント。

粉をまぶすのもトレーかシートで

片栗粉などの粉をまぶすのはひと手間に感じるかもしれませんが、メニューによっては、肉がしっとりやわらかく仕上がります。ただし、バットなどですると洗い物が増えるので、私はトレーやクッキングシートの上で直接つけます。余分な粉も使わずに済みますよ。

仕上げの野菜はピーラー使いが便利

この本で紹介するレシピは火を止めて余熱で仕上げるものが多いですが、彩りやボリュームを足すためにそのタイミングで野菜を追加することも。にんじんなどをピーラーで薄く削る場合は、フライパンの上ですればラクチンです。蒸気が上がるのでやけどには気をつけて。

実は手抜きだけど、映える！テクニック

いつもの食材や調味料でも、巻いたり、重ねたり、詰めたりすれば、
とっておき料理に。フライパンごと食卓に出せば、ごちそう感もアップします。

＊詳しくはP87〜のPart4を参照。

ずらして重ねる

やや薄く切った野菜と肉をずらして重ねたミルフィーユ系の料理。豚×白菜のミルフィーユ鍋などが定番ですが、ほかにも、いろいろな食材で応用できます。写真は「にんじんと豚バラのオムレツ」（P69）。ポイントは肉と野菜を同じくらいの大きさに切ってずらして重ねることです。

巻く

薄切りの肉で野菜をくるくると巻いて蒸したり、ピーラーで薄切りにした野菜で肉を巻いて蒸したりすると、一気にごちそう感が増す気がします。メニューにもよりますが、火が入ることで肉や野菜のかさが減るので、ギュッときつめに巻くのがポイントです。

詰める・のせる

ピーマンやなすの肉詰めが大好きです。ひと口で肉と野菜を一緒に食べられるおいしさがたまりません。ほかにも、エリンギやかぶに肉だねをのせて蒸すことも。ひき肉の場合は面倒に感じるかもしれませんが、ポリ袋を使うと下味も一気についで絞り袋にもなるので実はラクチンです。

目次

- はじめに ……………………… 3
- フライパン蒸しのいいところ ……… 4
- フライパン蒸しに使う道具 ………… 5
- フライパン蒸しにおすすめの食材 …… 6
- 基本調味料と卓上調味料 ………… 7
- 洗い物を減らすアイデア ………… 8
- 実は手抜きだけど、映える！テクニック
  ……………………… 9

Part1
野菜たっぷりでヘルシーな シンプルフライパン蒸し…13

- とりつくねときのこのズボラ蒸し …………… 14
- たっぷりキャベツのビッグはさみ蒸し ……… 16
- とりむねとブロッコリーのプリプリ包み蒸し …… 18
- ゴロゴロ野菜のポトフ ……………… 20
- ねぎだれエリンギステーキ ……………… 21
- ゴロゴロしいたけシュウマイ ……………… 22
- 豚バラと白菜の重ね蒸し ……………… 23
- 小松菜と豚の重ね蒸し ……………… 24
- アボカドと豆腐の蒸ししゃぶサラダ ……… 25
- ぷるぷる蒸し酢どり ……………… 26
- 豚とキャベツのさっぱり蒸し ……………… 27
- オイトマ蒸し キャベツステーキ添え ……… 28
- もやしとえのきの肉だんご ……………… 29
- 豚こまとなすのごま蒸し炒め ……………… 30
- なすと豚肉の重ね蒸し ……………… 31
- ささ身とブロッコリーのフライパン蒸し ……… 32
- 重ね煮ラタトゥイユ ……………… 33
- ねぎと豚のさっぱり蒸し ……………… 34
- ひらひら大根ととりだんごのフライパン蒸し …… 35
- 鮭とトマトの重ね蒸し ……………… 36
- たらのせり蒸し ……………… 37
- たらの中華風蒸し ……………… 38
- 白身魚のオイル蒸し ……………… 39
- なすのさば缶蒸し ……………… 40
- いわしと小松菜のくたくた煮 ……………… 41
- カラフルアクアパッツァ ……………… 42
- 鮭の和風マリネ ……………… 43
- とり肉と大根の塩煮 ……………… 44
  - アレンジ① あんかけ豆腐 ……………… 45
  - アレンジ② 塩煮豆乳スープ ……………… 45
  - アレンジ③ めかじきステーキ ……………… 45

フライパンぎゅうぎゅう蒸し・・・・・・・・・・・・・・・46
　春のぎゅうぎゅう蒸し／夏のぎゅうぎゅう蒸し・・48
　秋のぎゅうぎゅう蒸し／冬のぎゅうぎゅう蒸し・・49

Column1
混ぜるだけのたれ・・・・・・・・・・・・・・・・・・50

Part2
ボリューム満点のガッツリ味も
フライパン蒸しにお任せ…51

なめこ麻婆なす・・・・・・・・・・・・・・・・・52
もやしキムチのピリ辛鍋・・・・・・・・・・・54
包み蒸し棒餃子・・・・・・・・・・・・・・・・・56
ゴロゴロきのこと豚バラのクリーム煮・・58
しそクリームのとりむねステーキ・・・・・・59
かぶと豚バラロールのさっと煮・・・・・・・60
包み蒸し麻婆豆腐・・・・・・・・・・・・・・・61
ズッキーニと豚肉の重ねステーキ・・・・・62
ごろっときゅうりと豚のピリ辛蒸し・・・・・63
豚こまボールとねぎの甘辛蒸し炒め・・・64
お揚げさんのジューシー肉詰め・・・・・・65
シーフードじゃがの梅コチュ炒め・・・・・・66
しいたけの牛のせステーキ・・・・・・・・・67
牛肉とこんにゃくのすき煮・・・・・・・・・・・68
にんじんと豚バラのオムレツ・・・・・・・・・69

Column2
うまみ、コク出しのための乾物・・・・・・・・・70

Part3
一気に2品!
メイン＋サブを同時蒸し…71

とりとれんこんの甘辛照り煮・・・・・・・・72
にんじんとしめじの中華風蒸し・・・・・・・73

厚揚げのはさみ焼き・・・・・・・・・・・・・・74
まいたけとかぶの蒸し焼き・・・・・・・・・75
ふっくら蒸し鮭・・・・・・・・・・・・・・・・・・76
根菜のきんぴら風・・・・・・・・・・・・・・・77
キャベツ蒸しどり・・・・・・・・・・・・・・・・78
蒸し玉ねぎのおかかのせ・・・・・・・・・・79
れんこんのはさみ焼き・・・・・・・・・・・・80
かぼちゃサラダ・・・・・・・・・・・・・・・・・81
ぶり大根・・・・・・・・・・・・・・・・・・・・・82
さつまいもとエリンギの甘辛煮・・・・・・83
ポッサム風蒸し豚・・・・・・・・・・・・・・・84
たっぷり野菜のくたくた塩煮・・・・・・・・85

Column3
フライパン蒸しに添えたい、すぐできスープ・・86

Part4
巻く・詰める・重ねる・
並べるの映えレシピ…87

豆苗肉巻きのヘルシー蒸し・・・・・・・・88
なすの丸ごと蒸し・・・・・・・・・・・・・・・89
ささ身のぷるぷるレタス巻き・・・・・・・・90
豚こまのみそキャベツ巻き・・・・・・・・・91
ひと口ピーマンの肉詰め・・・・・・・・・・92
ピーマンの肉詰め蒸し・・・・・・・・・・・・93
ピリ辛そぼろのかぶのせ・・・・・・・・・・94
長いもの肉巻き・・・・・・・・・・・・・・・・95
ひと口なすのはさみ焼き・・・・・・・・・・96
蒸し肉巻きにんじん・・・・・・・・・・・・・97
梅しそ白菜ロール・・・・・・・・・・・・・・98
大根とにんじんのミルフィーユ・・・・・・99
ズッキーニと豚のロール蒸し焼き・・・・100
トマチーズッキーニ・・・・・・・・・・・・・・101

Column4
私のお気に入りの器たち・・・・・・・・・・・102

Part5

さっと蒸し副菜＆すぐできサラダ…103

なすのじっくり蒸し／
チンゲン菜と豆腐のなめこ蒸し……104
さつまいもとクリームチーズのサラダ／
彩りパプリカのマスタードあえ……105
ピーマンとエリンギのごま蒸し炒め／
にんじんのバジルバター蒸し……106
白菜とアスパラのオイスター蒸し／
ブロッコリーとえのきのきな粉みそあえ…107
ごぼうといんげんのさっと蒸し／
ほうれん草ときくらげの中華風あえ……108
じゃがいもとブロッコリーのかつおバター蒸し／
きのこのにんにくオイル蒸し……109
豪快レタスサラダ／キャベツ納豆のサラダ／
大根とアボカドのポリポリサラダ……110
わかめときゅうりの梅しらすサラダ／
オクラともずくのねばねばサラダ／
切り干し大根のクリーミーサラダ……111

Column5
あると便利なしょうゆ漬け、オイル漬け…112

Part6

ラクチン一皿ごはん…113

野菜たっぷりスパイスカレー……114
海鮮ときのこのパエリア……116
とうもろこしのパエリア……117
ワンパン豆腐ビビンバ……118
包み蒸しルーローハン……119
根菜蒸しガパオ……120
塩麹カオマンガイ……121
なめこスパイスうどん……122
五目塩焼きそば……123
重ね煮ミートソース……124
　アレンジ① ミートソースドリア……125
　アレンジ② チキンステーキワンプレート
　　……125
おわりに……126

この本のレシピの表記について

・大さじ1＝15ml、小さじ1＝5mlです。
・米1合は180mlです。
・野菜・果物はとくに表記がないかぎり、皮をむき、ヘタ、種、わたなどを除いています。
・蒸し時間や火加減はご自宅のコンロやフライパンに合わせて調整してください。
・加熱調理はガスコンロ使用を基準にしています。IH調理器などの場合は
　調理器具の表示を参考にして火加減や加熱時間を調整してください。

Part1
野菜たっぷりでヘルシーな　　シンプルフライパン蒸し

フライパン蒸しにすれば、驚くほどたくさんの野菜も
かさが減って、ペロリと食べられてしまいます。
肉や魚も一緒に蒸すから、栄養面もうれしい限り。
バリエーション豊富で満足度も高い36品です。

ヘルシーだけど、
一品で満足できる！

とりつくねと
きのこのズボラ蒸し

肉だねの調味も成形もトレーの中で完結させるからラクチン！
ざっくりまとめて野菜にのせて蒸せば、ふわふわ食感に

材料（2人分）

とりひき肉 ・・・・・ 250g
しめじ ・・・・・・ 1袋(100g)
えのきたけ ・・・・・ 1袋(100g)
長ねぎ ・・・・・・ 1本
にんじん ・・・・・ 縦1/4本
A ┌ 塩 ・・・・・・ 小さじ1/2
　└ こしょう ・・・・ ふたつまみ
ごま油 ・・・・・・ 大さじ1と1/2
塩 ・・・・・・・・ ふたつまみ
酒 ・・・・・・・・ 大さじ2

作り方

1. しめじ、えのきはほぐす。ねぎは白い部分はみじん切り、青い部分は斜め薄切りにする。
2. ひき肉のトレーにねぎの白い部分、Aを加えて混ぜる。
3. フライパンにクッキングシートを30cm長さに切って敷き、ごま油の半量、塩、しめじ、えのき、ねぎの青い部分の順に重ねる。②をざっとひと口大にまとめてのせ、酒を回しかける。クッキングシートの下に水130ml（分量外）を入れて強めの中火にかける。湯気が立ち始めたらふたをして中火で10分蒸す。
4. 火を止めてにんじんをピーラーで削ってのせ、ふたをして余熱で3分おく。残りのごま油を回しかける。好みでポン酢やしょうゆを添える。

肉だねを混ぜるのはトレーの中で。長ねぎのみじん切りはキッチンばさみを使えば洗い物は最小限に。

肉だねはひとつずつ丸めなくても、小さめのゴムベラでざっとまとめてフライパンに入れるだけでOK。

クッキングシートの使い方

クッキングシートをクシャクシャにして丸めてから、フライパンに広げる。このとき、フライパンのフチからはみ出さないように注意する。

空焚きにならないよう、クッキングシートとフライパンの間に水を注ぎ入れてから火にかける。水がなくなったら適宜、足す。

半玉ほどのキャベツがペロリと
食べられちゃう、ビッグフライパン蒸し。
練りがらしを加えたたれを添えれば、
一気にシュウマイ風になっておいしい！

たっぷりキャベツの
ビッグはさみ蒸し

材料（2人分）

豚ひき肉・・・・・・・・200g
キャベツ・・・・・・・・350g
玉ねぎ・・・・・・・・1/2個（100g）
A しょうが・・・・・・・10g
　（みじん切りまたはチューブ小さじ1）
　片栗粉・・・・・・・・大さじ2
　しょうゆ・・・・・・・大さじ1
　ごま油・・・・・・・・大さじ1
　塩・・・・・・・・・・小さじ1/2

〈たれ〉
　しょうゆ・・・・・・・大さじ1と1/2
　蒸し汁・・・・・・・・大さじ1
　みそ、練りがらし・・・各小さじ1

作り方

1 キャベツは細切り、玉ねぎは粗みじん切りにする。
2 厚手のポリ袋にひき肉、玉ねぎ、Aを入れて袋の上からもんで混ぜる。
3 フライパンにクッキングシートを30cm長さに切って敷き（P15参照）、キャベツの半量を広げる。2を広げてのせ、残りのキャベツをのせる。クッキングシートの下に水130ml（分量外）を注ぎ入れ、中火にかける。湯気が立ち始めたらふたをして弱めの中火で5分蒸す。
4 たれの材料を混ぜ合わせ、添える。

細切りにしたキャベツをこれでもかというくらい使った一皿。キャベツはせん切りで売っているものを使っても。

とりむねとブロッコリーのプリプリ包み蒸し

むね肉に片栗粉をまぶして食感ぷるっぷる。
塩昆布の塩けとうまみが味を底上げして
シンプル調味でも満足感あり。
一人ひとつずつ食べられる包み蒸しは特別感もアップ！

材料（2人分）

とりむね肉・・・・・・1枚（250g）
ブロッコリー・・・・・小1個
塩昆布・・・・・・・・6g
A｜おろしにんにく・・・小さじ1/2
　｜酒・・・・・・・・大さじ1
　｜塩・・・・・・・・ふたつまみ
片栗粉・・・・・・・・大さじ2

作り方

1. ブロッコリーは小房に分け、軸は皮を厚めにむいて斜め切りにする。
2. とり肉はトレーの中でキッチンばさみでひと口大に切り、Aをあえる（時間があれば落としラップをして5〜10分おく）。
3. クッキングシートを35cm長さに2枚切って広げる。片栗粉を大さじ1ずつ広げ、2を半量ずつ入れて片栗粉をまぶす。ブロッコリーを半量ずつ加えてとり肉を上に重ね、塩昆布を半量ずつのせる。
4. キャンディ包みにして口を閉じる（下記参照）。フライパンに並べ、クッキングシートの下に水130ml（分量外）を注ぎ入れて中火にかける。湯気が出始めたら弱火にし、ふたをして7分蒸す。火を止め、ふたをしたまま3分おく。

Point!
とり肉に片栗粉をまぶすのもクッキングシートの上ですれば合理的。ざっとまぶせばOK。

キャンディ包みの仕方

1. 横長になるようにクッキングシートをおき、具材をやや横長に並べる。奥と手前の部分を重ね合わせる。

2. 重ねた部分を2回ほど折り曲げる。しっかりと閉じて手前に倒し、水分がクッキングシートに入らないように。

3. 左右の部分を奥側に向けてねじる。このとき、ねじった部分をやや上にしておくと中に水分が入りづらくなる。

ゴロゴロ野菜のポトフ

骨つき肉と大きな野菜でボリューム満点。
塩だけとは思えないうまみが凝縮した
スープも最後まで味わって

材料（2人分）

- とり手羽元‥‥4本
- キャベツ‥‥250g
- 玉ねぎ‥‥1個
- マッシュルーム‥‥3個
- 塩‥‥‥適量
- 水‥‥‥500ml

作り方

1. キャベツは芯をつけたまま縦4等分、玉ねぎは芯をつけたまま縦半分、マッシュルームも縦半分に切る。手羽元は塩ふたつまみをふる。

2. フライパンを中火で熱し、手羽元の皮目を下にして並べる。焼き色がついたら上下を返し、キャベツと玉ねぎの断面を下にして加える。

3. 全体に焼き色がついたら水、マッシュルームを加え、塩小さじ1/2を野菜にかけるようにしてふる。ふつふつとしてきたらふたをし、弱火で10分蒸し煮にする。

4. 味をみて好みで塩、こしょうでととのえる。

ねぎだれエリンギステーキ

エリンギに肉だねを張りつけた、見た目も楽しい一品。酸味のあるねぎだれをからめてさっぱりと

材料(2人分)

- エリンギ ・・・・・・ 3〜4本
- 赤パプリカ ・・・・・ 1/2個
- A
  - とりひき肉 ・・・・ 180g
  - 塩、しょうゆ ・・・ 各小さじ1/2
  - こしょう ・・・・・ ひとつまみ
- 酒 ・・・・・・・・・ 大さじ1
- 油 ・・・・・・・・・ 小さじ2
- 〈ねぎだれ〉
  - 長ねぎ(みじん切り) ・・15cm分
  - 酢 ・・・・・・・・ 大さじ1
  - ごま油、しょうゆ ・・ 各小さじ2
  - 七味唐辛子 ・・・・ 適量

作り方

1. エリンギは縦半分、パプリカは大きめのひと口大に切る。ねぎだれの材料は混ぜる。
2. 厚手のポリ袋にAを入れ、袋の上からよくもむ。ポリ袋の隅を斜めに切り落とし、エリンギの断面に絞り出す。スプーンでなでるようにしてエリンギとの隙間を埋め、肉だねを密着させる。
3. フライパンに油をひいて、2の肉だねを下にして並べ、強めの中火にかける。焼き目がついたら上下を返し、1〜2分焼く。パプリカを加え、酒を回しかけてふたをし、弱火で3分蒸し焼きにする。パプリカを器に盛る。
4. ねぎだれを加え、フライパンを傾けながら水分がほとんどなくなるまで煮て器に盛る。

肉だねは袋で混ぜて、そのまま絞り出すからラクチン。まずは、等分にざっと絞り出して。

スプーンなどで肉だねを軽く押さえつけるようにして密着させる。このひと手間で肉だねがはがれにくくなる。

ゴロゴロしいたけシュウマイ

手間がかかると思いがちなシュウマイも皮をのせるだけなら簡単！ 蒸し器がなくてもフライパンで作れちゃいます

材料（2人分）

とりささ身・・・・・・2本(100g)
しいたけ・・・・・・・3個
白菜・・・・・・・・・200g
シュウマイの皮・・・・8枚
A ┌ しょうが（みじん切り）・・1片分
　├ ごま油・・・・・・・大さじ1
　├ しょうゆ、酒・・・・各大さじ1/2
　└ 塩・・・・・・・・・小さじ1/2
塩・・・・・・・・・・ひとつまみ

作り方

1. しいたけは軸を切り分けて1cm四方、軸は粗みじん切りにする。白菜は斜め細切りにする。ささ身は1cm角に切って包丁で軽くたたいて粘りを出す。
2. ボウルにささ身、しいたけ、Aを入れて混ぜる。
3. フライパンにクッキングシートを30cm長さに切って敷き（P15参照）、塩をふり、白菜を広げる。2を1/8量ずつスプーン2本で丸く成形しながら並べ、シュウマイの皮をかぶせて軽く押さえる。クッキングシートの下に水130ml（分量外）を注ぎ入れ、中火にかける。
4. 湯気が出てきたらふたをし、弱火で7分蒸す。火を止め、ふたをしたまま3分おく。

ひとつずつ包まず、上から皮をのせて軽く押さえるだけでOK。具材から出る水分のおかげで皮がしっかり密着する。

豚バラと白菜の重ね蒸し

豚バラ×白菜はミルフィーユ鍋が定番だけど、ざっくり重ねて蒸すだけでも十分おいしい！ 調味はシンプルに。卓上調味料（P7）で自由に味変を

材料（2人分）

- 豚バラ薄切り肉・・・200g
- 白菜・・・・・・・200g
- しめじ・・・・・・1袋（100g）
- 塩・・・・・・・・ふたつまみ
- こしょう・・・・・少々
- 酒、しょうゆ・・・各大さじ1

作り方

① 白菜はざく切り、しめじはほぐす。豚肉はトレーの中でキッチンばさみでひと口大に切る。

② フライパンにクッキングシートを30cm長さに切って敷き（P15参照）、白菜、しめじの半量、塩ひとつまみ、豚肉の半量を順に広げる。残りのしめじ、残りの豚肉を広げ、塩ひとつまみ、こしょうをふる。酒、しょうゆを回しかけ、クッキングシートの下に水130ml（分量外）を注ぎ入れて中火にかける。

③ 湯気が立ってきたら弱めの中火にし、ふたをして7分蒸す。好みでしょうゆやポン酢をかける。

小松菜と豚の重ね蒸し

薄切りのしゃぶしゃぶ用肉は短時間の加熱で火が通るうれしい食材のひとつ。
同じく火通りのよい小松菜と合わせて。シンプルな食材なのでコクのある調味で

材料(2人分)

豚しゃぶしゃぶ用薄切り肉
　・・・・・・・・・150g
小松菜・・・・・・・1わ
A オイスターソース・・・大さじ1
　塩麹・・・・・・・小さじ1
　豆板醤・・・・・・小さじ1/2〜1
　おろしにんにく・・・小さじ1/4
塩・・・・・・・・・ひとつまみ
塩昆布・・・・・・・3g
こしょう・・・・・・ひとつまみ
ごま油・・・・・・・小さじ2

作り方

1. 小松菜は食べやすい長さに切る。豚肉のトレーにAを加えてよくからめる。
2. フライパンにクッキングシートを30cm長さに切って敷き(P15参照)、塩、小松菜、塩昆布を順に重ね入れる。豚肉を重ならないように広げてのせ、クッキングシートの下に水130ml(分量外)を注ぎ入れ、中火にかける。
3. 湯気が出てきたらふたをし、弱めの中火で6〜7分蒸す。火を止め、ふたをしたまま3分おく。
4. クッキングシートごと器に盛り、こしょう、ごま油を回しかける。

アボカドと豆腐の蒸ししゃぶサラダ

蒸し焼きにしたもやしと豚肉にアボカドと豆腐をあえてサラダ仕立てに。
仕上げのごま油がいいアクセント。辛いもの好きならぜひラー油でお試しを

材料（2人分）

豚しゃぶしゃぶ用薄切り肉	150g
アボカド	1/2個
木綿豆腐	150g
塩	ふたつまみ
もやし	1袋
酒	大さじ1
焼きのり	1/2枚
A 白すりごま	大さじ1
しょうゆ	小さじ2
おろしにんにく	小さじ1/2
ごま油（またはラー油）	小さじ2

作り方

1. フライパンにもやしをしき、豚肉を重ならないように並べる。塩をまんべんなくふり、酒を回しかけて中火にかける。
2. 湯気が立ち始めたらふたをし、肉の色が変わるまで4〜5分蒸し焼きにする。肉の色が変わったらふたを開けて粗熱を取る。
3. アボカドはひと口大に切り、ボウルに入れる。木綿豆腐をスプーンで適当な大きさにすくってボウルに加え、Aを加えてあえ、のりをちぎって加え、さっと混ぜる。
4. 器に②の汁けを軽く切って盛り、③をのせる。ごま油（またはラー油）を回しかける。

ぷるぷる蒸し酢どり

包み蒸しにする酢どりは片栗粉のおかげでぷるぷるの仕上がりに。
しょうゆ、酢、砂糖、塩を組み合わせれば、甘酢味もラクチン!

材料(2人分)

- とりささ身 ・・・ 3本(150g)
- ピーマン ・・・・ 2個
- 玉ねぎ ・・・・・ 1個
- にんじん ・・・・ 1/3本
- A しょうゆ、酢 ・・ 各大さじ1/2
  - 砂糖 ・・・・・ 大さじ1
  - 塩 ・・・・・・ ふたつまみ
- 塩 ・・・・・・・ ひとつまみ
- 酒 ・・・・・・・ 小さじ2
- 片栗粉 ・・・・・ 大さじ2

作り方

① ピーマンは4等分に切る。玉ねぎはひと口大に切り、にんじんは斜め薄切りにする。Aは混ぜる。ささ身は筋のかたい部分をキッチンばさみで切って除き、ひと口大に切って塩と酒をふる。

② クッキングシートを35cm長さに2枚切って広げ、片栗粉大さじ1ずつをのせる。ささ身を半量ずつ加えて片栗粉を全体にまぶす。野菜を半量ずつ加えてささ身を野菜の上にのせ、Aを半量ずつかける。両端をねじってキャンディ包みにする(P19参照)。

③ フライパンに並べ、クッキングシートの下に水130ml(分量外)を注ぎ入れて中火にかける。ふつふつとしてきたらふたをして弱火で7分蒸す。火を止め、ふたをしたまま3分おく。

豚とキャベツのさっぱり蒸し

しょうがの香りと酢を加えた、さわやかなフライパン蒸しもおすすめ。
みょうがやラディッシュを加えると食感のアクセントと香りが加わって◎

材料（2人分）

- 豚こま切れ肉 ・・・80g
- キャベツ ・・・・300g
- えのきたけ ・・・1/2袋（50g）
- A ┌ しょうゆ、酢 ・・各大さじ1
  └ おろししょうが ・・小さじ1
- 塩 ・・・・・・・ひとつまみ
- 白すりごま ・・・・大さじ1

作り方

1. キャベツはざく切り、えのきは長さを半分に切ってほぐす。豚肉はトレーの中でAをからめる。
2. フライパンにクッキングシートを30cm長さに切って敷き（P15参照）、塩、えのき、キャベツ、肉を順に重ね入れる。クッキングシートの下に水130ml（分量外）を注ぎ入れ、中火にかける。湯気が出てきたらふたをして弱めの中火で8分蒸す。火を止め、ふたをしたまま3分おく。
3. クッキングシートごと器に盛り、ごまをかけ、好みでみょうがの小口切り、ラディッシュの角切りをのせてごま油をかける。

オイトマ蒸し
キャベツステーキ添え

オイスターソースとトマトの組み合わせでうまみ倍増。
芯をつけたまま大きく焼いたキャベツを添えればごちそう感もアップ

材料（2人分）

豚こま切れ肉・・・・・140g
キャベツ（外葉をむいたもの）
・・・・・・・・・300g
トマト・・・・・・・・1個
えのきたけ・・・・・・1/2袋（50g）
A オイスターソース・・大さじ1
　塩・・・・・・・・・ひとつまみ
　こしょう・・・・・・ふたつまみ
ごま油・・・・・・・・小さじ2
塩・・・・・・・・・・ひとつまみ
酒・・・・・・・・・・大さじ1

作り方

1. キャベツは芯をつけたまま四つ割り、トマトは一口大、えのきは長さを半分に切る。豚肉は大きければ食べやすく切り、Aをからめる。

2. フライパンにごま油をひいて中火で熱し、キャベツの断面を下にして入れ、塩をふって焼く。焼き色がついたら返し、えのき、トマト、豚肉を加え、酒を回しかける。ふたをして弱めの中火で6分蒸し焼きにする。火を止め、ふたをしたまま3分おく。器に盛り、好みでごま油をかける。

もやしとえのきの肉だんご

もやしとえのきがたっぷり入るから、肉は少量でも満足感あり！
梅干しの酸味とうまみが入ったたれをたっぷりかけてどうぞ

材料（2人分）

豚ひき肉 ・・・・・・・50g
豆もやし ・・・・・・・100g
えのきたけ ・・・・・・1/2袋（50g）
A　パン粉、しょうゆ、ごま油
　　・・・・・・・・各大さじ2
　おろしにんにく ・・・小さじ1
　塩 ・・・・・・・・・小さじ1/2
油 ・・・・・・・・・・小さじ2
〈梅だれ〉
　しょうゆ ・・・・・・大さじ1
　梅肉 ・・・・・・・・小さじ1と1/2
　こしょう ・・・・・・ひとつまみ

作り方

1. もやしは1cm長さ、えのきも1cm幅に切ってほぐす。ボウルに入れ、ひき肉、Aを加えて混ぜ、5〜6等分して丸める。
2. フライパンに油をひいて中火で熱し、①を並べて焼く。底面に焼き色がついたらふたをして弱めの中火で7分蒸し焼きにする。火を止め、ふたをしたまま3分おき、器に盛る。
3. 同じフライパンに梅だれの材料を入れ、弱めの中火にかける。とろりとしてきたら②にかけ、好みで削りがつおをのせ、水菜を添える。

豚こまとなすのごま蒸し炒め

やわらかく蒸し焼きにしたなすに、豚肉を合わせてごまをたっぷりと。
最後に強火で水分を飛ばしながら炒めると味がギュッと凝縮して◎

材料(2人分)

豚こま切れ肉 ・・・・・180g
なす・・・・・・・・3本
しめじ・・・・・・・1袋(100g)
A 白すりごま、酒 ・・各大さじ1
　 塩・・・・・・・・ひとつまみ
片栗粉・・・・・・・小さじ2
ごま油・・・・・・・小さじ2
酒・・・・・・・・・大さじ1
B しょうゆ、みりん ・・各大さじ1
白いりごま、小ねぎ(小口切り)
　・・・・・・・・各適量

作り方

1. なすは縦4等分に切り、しめじはほぐす。豚肉のトレーにAを加えてからめ、ざっくりとひと口大に丸めて片栗粉をふる。
2. フライパンにごま油となすを入れ、なすに油をからめてから皮を下にして中火にかける。皮の色が鮮やかになったら上下を返し、端に寄せて空いたところに豚肉を広げ入れる。
3. 豚肉の色が変わったらなす、豚肉の上下を返してしめじを加え、酒を回しかける。ふたをして弱めの中火で4分蒸し焼きにする。
4. ふたを外してBを加えて強火にし、水分を飛ばすようにして炒め合わせる。器に盛り、ごま、小ねぎをふる。

なすと豚肉の重ね蒸し

野菜たっぷり。しかも、肉となすを並べて蒸せば、ごちそう感アップ！
トッピングのミニトマトと、レモンの酸味と香りを加えたたれがよく合う

材料（2人分）

豚ロース薄切り肉	9枚
なす	2本
もやし	1袋
豆苗	1袋
ミニトマト	4個
Ⓐ みそ	小さじ2
おろししょうが	小さじ1
塩	ひとつまみ
〈レモンだれ〉	
水	大さじ1と1/2
レモン汁	大さじ1
砂糖、しょうゆ	各小さじ1
こしょう	ふたつまみ
塩	ひとつまみ
Ⓑ 酒、しょうゆ	各大さじ1

作り方

① なすは縦薄切りにし、豆苗は長さを半分に切る。ミニトマトは縦半分に切る。豚肉のトレーにAを混ぜ合わせて豚肉の両面に塗り、キッチンばさみで豚肉の長さを半分に切る。レモンだれは混ぜる。

② フライパンにクッキングシートを30cm長さに切って敷き（P15参照）、塩、豆苗、もやしを順に重ね入れる。なすと豚肉を放射状に交互に並べてのせ、Bを回しかける。クッキングシートの下に水130ml（分量外）を注ぎ入れ、中火にかける。湯気が出てきたらふたをして弱火で10分蒸す。

③ 火を止め、ふたをしたまま3分おく。クッキングシートごと器に盛ってミニトマトをのせ、レモンだれを添える。

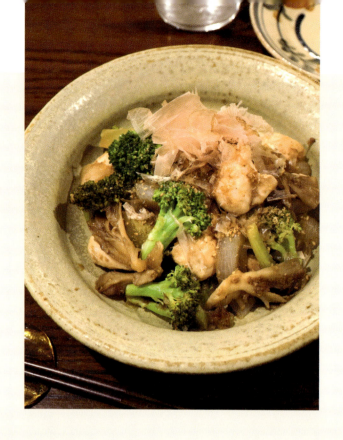

さ さ 身 と ブ ロ ッ コ リ ー の フ ラ イ パ ン 蒸 し

酒としょうゆでシンプルに味つけした和風味のフライパン蒸し。
仕上げのすりごまと削りがつおが味と食感のいいアクセントに

材料（2人分）

とりささ身	2本（100g）
ブロッコリー	1個
玉ねぎ	1/2個
まいたけ	1パック（80g）
Ⓐ 酒	大さじ1
酢	大さじ1/2
塩	ふたつまみ
Ⓑ しょうゆ、酒	各大さじ1
白すりごま	大さじ1
削りがつお	適量

作り方

① ブロッコリーは小房に分け、軸は皮を厚めにむき、斜め薄切りにする。玉ねぎは1cm幅に切る。まいたけはほぐす。ささ身は筋を切り落としてひと口大に切り、ポリ袋に入れる。Aを加えて袋の上からよくもみ込み、5分（時間があれば20分）おく。

② フライパンにブロッコリー、まいたけ、玉ねぎを順に重ね入れ、塩をふる。ささ身を広げてのせ、Bを回しかけて中火にかける。

③ 湯気が出始めたらふたをし、弱めの中火で6〜7分蒸し煮にする。ふたを外し、水分を飛ばすように強めの中火で炒め、すりごま、削りがつおをのせて混ぜる。器に盛り、好みで削りがつおをのせる。

重ね煮ラタトゥイユ

とりどりの野菜をじっくり煮るラタトゥイユもフライパンにお任せ。
とり肉を加えてボリュームアップすれば、立派なメインおかずができ上がり

材料（2人分）

- とりむね肉・・・・・・1枚（250g）
- マッシュルーム・・・・3個
- エリンギ・・・・・・・小2本
- キャベツ・・・・・・・100g
- なす・・・・・・・・・1本
- 赤パプリカ・・・・・・1/4個
- かぼちゃ・・・・・・・80g
- 玉ねぎ・・・・・・・・1個
- カットトマト缶・・・・200g
- Ⓐ 酒・・・・・・・・・大さじ1
  - おろしにんにく・・・小さじ1/2
  - おろししょうが・・・小さじ1/2
  - 塩・・・・・・・・・ふたつまみ
- 塩・・・・・・・・・・ふたつまみ
- 酒・・・・・・・・・・大さじ1

作り方

1. きのこと野菜はひと口大に切る。とり肉はトレーの中でキッチンばさみでひと口大に切り、Aを加えてからめる。

2. フライパンに塩、きのこ類、キャベツ、なす、パプリカ、トマト缶、かぼちゃ、玉ねぎ、とり肉を順に重ね入れ、酒を回しかける。中火にかけ、湯気が出始めたらふたをして弱めの中火にする。とり肉に火が通るまで10分蒸し煮にする。

3. ふたを外し、全体を混ぜながら強めの中火で3分煮る。味をみて足りなければ塩で調味し、器に盛る。好みで粉チーズをかける。

ねぎと豚のさっぱり蒸し

冬の立派な長ねぎで作ってほしいフライパン蒸し。時間をかけて蒸した
ねぎの甘さがたまらない！ しょうゆとレモンでさっぱり召し上がれ

材料(2人分)

豚バラ薄切り肉 ・・・200g
長ねぎ ・・・・・・・大1本
エリンギ ・・・・・・2本
油 ・・・・・・・・・小さじ2
塩 ・・・・・・・・・ふたつまみ
こしょう ・・・・・・ひとつまみ
酒、しょうゆ、レモン汁
　・・・・・・・・・各小さじ2

作り方

① ねぎは5cm長さに切り、青い部分は斜め薄切りにする。エリンギは3cm長さに切り、かさの部分は縦に半分に切る。豚肉はトレーの中でキッチンばさみでひと口大に切る。

② フライパンに油をひいて弱めの中火で熱し、ねぎの白い部分、エリンギを焼く。焼き色がついたら上下を返し、塩ひとつまみをふる。ねぎの青い部分を加え、豚肉を広げて加える。塩ひとつまみ、こしょうをふり、酒を回しかけてふたをして4分蒸し煮にする。

③ ふたを外してしょうゆ、レモン汁を回しかけ、強めの中火で煮汁がとろっとするまで煮る。

ひらひら大根と
とりだんごのフライパン蒸し

スライサーで薄く削った大根なら火通りを気にしなくても大丈夫。
豆腐を加えたとりだんごがふわふわ！ お好みの卓上調味料（P7）を添えて

材料（2人分）

- とりひき肉・・・・・200g
- 大根・・・・・・・13〜15cm（300g）
- チンゲン菜・・・・小2株
- Ⓐ 絹ごし豆腐・・・・100g
    - 酒、しょうゆ・・各大さじ1/2
    - 塩・・・・・・・小さじ1/2
    - おろしにんにく・小さじ1/4
    - こしょう・・・・ひとつまみ
- 塩・・・・・・・・適量

作り方

① 大根はスライサーで縦にリボン状に削る。チンゲン菜は縦4等分に切る。

② ひき肉のトレーにAを入れ、ゴムベラで押しつけるようになじませながら混ぜる。

③ フライパンにクッキングシートを30cm長さに切って敷き（P15参照）、塩ふたつまみ、大根、チンゲン菜、塩ふたつまみを順に重ねて入れる。②をスプーンでひと口大にとって重ならないように並べ、クッキングシートの下に水130ml（分量外）を注ぎ入れ、中火にかける。

④ 湯気が出始めたらふたをし、弱火で8分蒸す。とりだんごが白くなっていたら火を止め、ふたをしたまま3分おく。好みでこしょうやラー油、ごま油をかける。

鮭とトマトの重ね蒸し

蒸したふっくら鮭に、トマトの酸味が絶妙な組み合わせ。
青じそと酢をきかせたドレッシングで、さっぱりおいしい!

材料(2人分)

生鮭の切り身	3切れ
トマト	1個
もやし	1袋
しめじ	1/2袋(50g)
塩	適量

〈しそドレッシング〉
- 青じそ ・・・・・ 1枚
- 酢、しょうゆ、水 ・・・・・ 各大さじ1/2
- こしょう ・・・・・ ふたつまみ

作り方

① トマトは縦半分に切り、7mm～1cm厚さに切る。しめじはほぐす。青じそは小さくちぎって残りのドレッシングの材料と混ぜる。鮭は好みで皮を除いて塩ひとつまみをふり、10分おく。水けを拭き、ひと口大のそぎ切りにする。

② フライパンにクッキングシートを30cm長さに切って敷き(P15参照)、塩ふたつまみ、もやしを順に重ね入れる。鮭とトマトを少し重ねながら広げ、中央にしめじをのせる。クッキングシートの下に水130ml(分量外)を注ぎ入れ、中火にかける。

③ 湯気が出始めたらふたをし、弱めの中火で5分蒸す。火を止め、ふたをしたまま3分おく。

④ クッキングシートごと器に盛り、ドレッシングをかける。

たらのせり蒸し

冬が旬のたらは、蒸し料理にも最適。せりやなめこを一緒に蒸して
付け合わせにできるのもうれしい。せりがなければ三つ葉でも

材料(2人分)

生だら ・・・・・ 2切れ
せり ・・・・・・ 1束
もやし ・・・・・ 1袋
なめこ ・・・・・ 1袋
塩 ・・・・・・・ ふたつまみ
Ⓐ みそ ・・・・・ 小さじ1
　 酒 ・・・・・・ 大さじ1

作り方

1. せりは3〜4cm長さに切る。なめこはさっと洗う。たらはトレーにのせたまま両面に塩をふって10分おき、水けを拭く。Aを混ぜ、半量をたらの片面にそれぞれ塗る。
2. フライパンにもやし、なめこを順に重ね入れ、残りのAをかける。たらをのせ、中火にかける。
3. 湯気が出始めたらふたをし、弱火で5〜6分蒸し煮にする。たらが白くなっていたら火を止め、せりを少量飾り用に残して加える。ふたをして3分おく。器に盛り、飾り用のせりをのせる。

たらの中華風蒸し

淡泊な味のたらは中華アレンジも◎。オイスターソースをベースに、
豆板醤で辛みをプラス。量はお好みで調整を。ふっくら包み蒸しで仕上げます

材料（2人分）

生だら・・・・2切れ
白菜・・・・・小2枚
にんじん・・・1/5本
れんこん・・・60g
もやし・・・・1/2袋
塩・・・・・・ふたつまみ
酒・・・・・・大さじ1
〈たれ〉
 ┌ オイスターソース
 │ ・・・・大さじ1と1/2
 │ 酒・・・・大さじ1
 │ 豆板醤・・・小さじ1/2
 │ おろしにんにく
 └ ・・・・小さじ1/4

作り方

① 白菜は軸は横細切り、葉はざく切りにする。にんじん、れんこんは皮つきのまま5mm厚さの輪切りにする。たらは塩をふって10分おき、水けを拭いて酒をからめる。たれの材料は混ぜる。

② クッキングシートを35cm長さに2枚切って広げ、もやし、白菜を等分にのせる。にんじん、れんこん、たらを等分にのせ、たれを半量ずつかける。クッキングシートの口を閉じ、両端をねじってキャンディ包みにする（P19参照）。

③ フライパンに②を並べ、クッキングシートの下に水130ml（分量外）を注ぎ入れて中火にかける。ふつふつとしてきたらふたをし、弱火で10分蒸す。火を止め、ふたをしたまま3分おく。好みでごま油、こしょうをかける。

白身魚のオイル蒸し

トマトも丸ごと一緒に蒸して、ソース代わりにしたお手軽レシピ。
魚は鮭など作りやすいものでどうぞ。豆腐を一緒に蒸すのもポイント

材料（2人分）

好みの白身魚 ・・2切れ
　＊ここでは生だらを使用
オクラ ・・・・6本
トマト ・・・・1個
エリンギ ・・・大1本
木綿豆腐 ・・・150g
しょうが（せん切り）
　・・・・・・1/2片分
塩 ・・・・・・ふたつまみ
A ┌ 酒 ・・・・・大さじ1
　└ しょうゆ ・・小さじ2
オリーブ油 ・・・小さじ2

作り方

1. 魚は塩ひとつまみをふって10分おき、水けを拭き取る。オクラはネットごと塩ひとつまみをふってこする。ネットから取り出し、さっと洗って水けを拭き取り、がくをぐるりとむく。トマトはおしり側に十字に切り込みを入れる。エリンギは手で裂く。豆腐は大きめのひと口大に切る。

2. フライパンにオリーブ油をひき、魚、オクラ、エリンギ、豆腐、トマトを並べる。しょうがを広げてのせ、Aを回しかけて中火にかける。

3. 湯気が出始めたらふたをして弱火で8分加熱する。火を止め、トマトを取り出し、ふたをしたまま3分おく。

4. トマトは取り出して皮を除き、フォークで粗くつぶす。トマト以外の具材を器に盛り、フライパンに残った蒸し汁をトマトに加えて混ぜる。味をみて足りなければ塩で調味し、魚にかける。

なすのさば缶蒸し

うまみがギュッと詰まって骨まで食べられるさば缶は夜遅ごはんにも最適。
とろりとした食感のなすと玉ねぎに、香りのよい三つ葉がアクセント

材料（2人分）

- さば水煮缶・・・1缶(190g)
- なす・・・・・3本
- 玉ねぎ・・・・・1個
- 三つ葉・・・・・適量
- 塩・・・・・・・ひとつまみ
- こしょう・・・・ふたつまみ
- ごま油・・・・・小さじ1と1/2

作り方

1. なすは縦4等分、玉ねぎは縦半分に切って縦7mm幅に切る。
2. フライパンに塩をふり、玉ねぎ、なすを順に広げ、ごま油を回しかける。さば缶を缶汁ごと加え、こしょうをふって中火にかける。
3. 湯気が出始めたらふたをし、弱めの中火で5分加熱する。なすがしんなりしたらふたを外し、全体をやさしく混ぜながら煮からめる。水分がほぼなくなったら器に盛り、ざく切りにした三つ葉をのせる。

いわしと小松菜のくたくた煮

食べやすく開いたいわしを見つけたら、ぜひこのレシピを作ってみて。
甘辛いコクうまだれがいわしにマッチ。小松菜もいい仕事をしています

材料(2人分)

いわし(開いたもの)‥3尾分
小松菜‥‥‥‥‥‥1わ
塩‥‥‥‥‥‥‥‥少々
A しょうゆ、酒、みりん
　‥‥‥‥‥各小さじ2
　みそ‥‥‥‥小さじ1

作り方

1. 小松菜は5〜6cm長さに切る。いわしは両面に塩をふって5分おき、水けを拭く。Aは混ぜる。

2. フライパンに小松菜を広げて入れ、いわしの皮目を下にしてのせる。Aをいわしに塗り広げ、弱めの中火にかける。チリチリと音がし始めたらふたをして6分蒸す。ふたをしたまま3分おく。

カラフルアクアパッツァ

色とりどりの野菜をたっぷり入れたアクアパッツァは見た目も華やか！
魚と野菜のうまみがしみ出たスープも絶品。パスタを入れてもおいしい

材料(2人分)

真鯛(または好みの白身魚)
・・・・・・・・・2切れ
あさり水煮缶 ・・・1/2缶(60g)
　　　　　　　　＊固形量30g
ズッキーニ ・・・・1/3本
黄パプリカ ・・・・1/4個
ミニトマト ・・・・6個
にんにく(つぶす)・・1片分
塩・・・・・・・・ふたつまみ
オリーブ油 ・・・・小さじ2
水・・・・・・・・100ml
酒・・・・・・・・大さじ3
しょうゆ ・・・・・小さじ1

作り方

1. 鯛は塩をふって10分おき、水けを拭く。ズッキーニはピーラーで皮を縞目にむいて縦半分に切り、1cm厚さに切る。パプリカは小さめのひと口大、ミニトマトは縦半分に切る。

2. フライパンにオリーブ油をひいて中火で熱し、鯛を皮目を下にして入れ、焼く。焼き色がついたら上下を返し、ズッキーニ、パプリカ、あさり缶を缶汁ごと、にんにく、水、酒を加える。ひと煮立ちしたらふたをして4分蒸し煮にする。

3. 火を止めてトマト、しょうゆを加え、ふたをして3分おく。

鮭の和風マリネ

焼いてから調味料に漬けるマリネは作りおきに◯。
時間があるときに作っておけば、すぐに食べられ、味もしみていいことだらけ

材料（2人分）

生鮭・・・・・・・2切れ
れんこん・・・・・150g
しいたけ・・・・・3個
塩・・・・・・・・適量
〈マリネ液〉
┌ 酢、しょうゆ、水
│ ・・・・・・・各大さじ1と1/2
│ 砂糖、ごま油・・各大さじ1/2
└ おろししょうが・・小さじ1
油・・・・・・・・小さじ2

作り方

① れんこんは1cm厚さの半月切り、しいたけは軸ごと半分に切る。鮭は両面に塩ひとつまみをふって10分おく。水けを拭き、2〜3等分に切る。厚手のポリ袋（またはジッパー付き保存袋）にマリネ液の材料を入れ、口を閉じてよく振って混ぜる。

② フライパンに油小さじ1をひいて中火で熱し、鮭の皮目を下にして入れる。上下を返しながら焼き色がつくまで焼き、粗熱が取れたらマリネ液の袋に入れる。

③ 同じフライパンに油小さじ1を足し、れんこん、しいたけを入れ、塩少々をふる。ときどき上下を返しながら2〜3分炒め、油が全体に回ったら水大さじ2（分量外）を加えてふたをし、弱めの中火で5分蒸し焼きにする。粗熱が取れたらマリネ液の袋に加える。口を閉じて20分おき、汁けを軽く切って器に盛る。

マリネした状態で冷蔵室で2〜3日保存可。事前に作っておくと忙しいときに便利。作りたてより多少、味が濃くなるので、お弁当などにも。

とり肉と大根の塩煮

酒と塩だけでシンプルに調味し、じっくり蒸し煮にした、うま塩煮。
そのまま食べるのはもちろん、多めに作ってアレンジするのもおすすめ

材料（2人分）

- とりもも肉・・・・・1枚(250g)
- しめじ・・・・・・1袋(100g)
- 白菜・・・・・・・300g
- 大根・・・・・・・200g
- 酒・・・・・・・・大さじ3
- 塩・・・・・・・・適量
- 〈ゆずみそ〉
  - みそ・・・・・・大さじ1
  - 乾燥ゆず（*）・・0.5g
    （水小さじ1に浸して5分おく）
  - *ゆずの絞り汁1/2個分をみそに溶いても。
- 水・・・・・・・・70ml

作り方

1. しめじはほぐす。白菜はざく切り、大根は2cm角に切る。とり肉はひと口大に切り、酒大さじ1をふって塩ふたつまみをまぶす。ゆずみその材料は混ぜる。

2. フライパンに塩ふたつまみをふり、しめじ、白菜、大根、とり肉を順に重ね入れ、塩ふたつまみ、酒大さじ2、水を加える。

3. 中火にかけ、湯気が出てきたらふたをして弱火で15分蒸し煮にする。大根がやわらかくなったらふたを取って強火にし、3分加熱する。味をみて足りなければ塩で調味する。ゆずみそや、好みでポン酢、しょうゆをつけて食べる。

塩煮で簡単アレンジ①
あんかけ豆腐

材料(2人分)

とり肉と大根の塩煮の具材 ・・・80g
とり肉と大根の塩煮のスープ ・・120ml
　（足りなければ水を足す）
木綿豆腐・・・・・・・・・・150g
A　おろししょうが、オイスターソース
　　・・・・・・・・・・・各小さじ1
水溶き片栗粉・・・・・・・・
　　　　　　片栗粉小さじ1＋水小さじ2
とろろ昆布・・・・・・・・・適量

作り方❶フライパンに塩煮の具材、スープ、半分に切った木綿豆腐、Aを入れて中火にかける。煮立ったら水溶き片栗粉を回し入れ、とろみがつくまで混ぜながら煮る。❷器に盛り、とろろ昆布をのせる。

塩煮で簡単アレンジ②
塩煮豆乳スープ

材料(2人分)

とり肉と大根の塩煮の具材 ・・・100g
とり肉と大根の塩煮のスープ ・・250ml
　（足りなければ水を足す）
無調整豆乳・・・・・・・・・150ml
みそ・・・・・・・・・・・・小さじ1
こしょう・・・・・・・・・・少々
削りがつお・・・・・・・・・適量

作り方❶小鍋に塩煮の具材、スープ、豆乳を入れて中火にかけ、温める。❷みそ、こしょうで調味し、器に盛って削りがつおをのせる。

塩煮で簡単アレンジ③
めかじきステーキ

材料(2人分)

とり肉と大根の塩煮の具材 ・・・80g
とり肉と大根の塩煮のスープ ・・80ml
　（足りなければ水を足す）
めかじき・・・・・・・・・・2切れ
塩・・・・・・・・・・・・・ひとつまみ
バター・・・・・・・・・・・10g
A　しょうゆ・・・・・・・・・小さじ1
　　おろしにんにく・・・・・・小さじ1/2

作り方❶めかじきの両面に塩をふって10分おき、水けを拭き取る。❷フライパンにバターを入れ中火で溶かし、①の両面を焼く。薄く焼き色がついたら塩煮の具材とスープ、Aを加えて温める。器に盛り、好みで貝割れ大根をのせる。

100均の平ざるで
蒸し料理が〇

フライパン"ぎゅうぎゅう"蒸し

ステンレス製の平ざるを使えば、ほっこりあたたかな「せいろ蒸し風」の料理が作れちゃう。春夏秋冬(P48〜49)いろんな具材で作ってみてください

材料（2人分）

- 豚こま切れ肉 ・・・・150g
- 玉ねぎ ・・・・・・・1個
- キャベツ ・・・・・小1/2個
- なす ・・・・・・・2本
- 赤パプリカ、黄パプリカ
 ・・・・・・・各1/2個
- Ⓐ しょうゆ、酒、みりん
  ・・・・・・各大さじ1
  塩・・・・・・ひとつまみ
- Ⓑ 塩、こしょう ・・・各少々

作り方

1. 玉ねぎ、キャベツは芯をつけたままくし形切り、なす、パプリカは大きめのひと口大に切る。豚肉のトレーにAを入れてからめる。
2. フライパンに水100ml（分量外）を入れ、平ざるをおく（平ざるが水につかる場合はざるに当たらないように水を減らす）。野菜をランダムにのせ、さらに豚肉をのせる。Bを全体にふる。
3. 中火にかけ、湯気が出始めたら弱火にし、ふたをして7分蒸す。火を止め、ふたをしたまま3分おく。好みで卓上調味料（P7）やたれ（P50）を添える。

野菜はやや大きめにカット。なすはとくに火が通ると縮むので大きめに切るのがおすすめ。

肉はトレーの中で切り、調味まで済ませておくとラクチン。分厚い肉のときは小さめにカットして。

蒸気がしっかり回るので具材が重なっても大丈夫。隙間に入れるイメージでギュギュっと詰めます。

野菜の上に肉をのせたら、中火にかけます。だいたい7〜8分、肉と野菜に火が通るまで蒸し焼きに。

春のぎゅうぎゅう蒸し

材料(2人分)

豚こま切れ肉・・・150g(Aをからめる)
新玉ねぎ・・・・・1個(くし形切りにする)
菜の花・・・・・・80g(茎と葉に分け、食べやすく切る)
にんじん・・・・・縦1/4本(ピーラーで削る)
A 酒、みりん・・・各小さじ2
　しょうゆ・・・・小さじ1
B 塩、こしょう・・各少々

作り方
P47の作り方❷、❸と同様にして蒸す(菜の花の葉の部分は火を止めて余熱で火を通す際に加える)。

春におすすめなほかの野菜

春キャベツ、たけのこ、アスパラガス、セロリ、スナップエンドウ、新じゃがいもなど

夏のぎゅうぎゅう蒸し

材料(2人分)

とりひき肉・・・・180g
とうもろこし・・・1/2本(食べやすい大きさに切る)
レタス・・・・・・小1個(縦半分に切る)
ズッキーニ・・・・1/2本(皮を縞目にむいてひと口大に切る)
ピーマン・・・・・2個(半分に切る)
ミニトマト・・・・5個
A レモン汁・・・・大さじ1
　酒・・・・・・・小さじ1
　塩、こしょう・・各ひとつまみ
B 塩、こしょう・・各少々

作り方❶ひき肉のトレーにAを加えてからめ、ひと口大にざっと丸める。❷P47の作り方❷、❸と同様に平ざるに具材をのせ、蒸す(ミニトマトは火を止めて余熱で火を通す際に加える)。

夏におすすめなほかの野菜

きゅうり、なす、オクラ、パプリカ、ゴーヤーなど

秋のぎゅうぎゅう蒸し

材料(2人分)

とりむね肉	150g
かぼちゃ	80g(5mm厚さに切る)
さつまいも	80g(5mm厚さに切る)
まいたけ	1パック(80g)(大きめにほぐす)
エリンギ	1本(縦半分に切る)
なす	1本(縦半分に切る)
玉ねぎ	1/2個(芯をつけたままくし形切りにする)
Ⓐ しょうゆ、酒	各小さじ2
コチュジャン	小さじ1
おろしにんにく	小さじ1/2
塩	ひとつまみ
Ⓑ 塩、こしょう	各少々

作り方❶とり肉はトレーの中でキッチンばさみでひと口大に切り、Aをからめる。❷P47の作り方②、③と同様に平ざるに具材をのせ、蒸す。

秋におすすめなほかの野菜

しいたけ、しめじ、マッシュルーム、にんじん、れんこん、里いもなど

冬のぎゅうぎゅう蒸し

材料(2人分)

さわら	2切れ
キャベツ	小1/2個(くし形切りにする)
かぶ	2個(7mm厚さに切る)
れんこん	80g(7mm厚さに切る)
にんじん	50g(薄い輪切りにする)
ブロッコリー	1/2個(小房に分ける)
Ⓐ しょうゆ、酒	各小さじ1
みそ	小さじ1
おろししょうが	小さじ1/2
Ⓑ 塩、こしょう	各少々

作り方❶さわらに塩ひとつまみ(分量外)をふって10分おく。水けを拭き取り、Aをからめる。❷P47の作り方②、③と同様に平ざるに具材をのせ、蒸す。

冬におすすめなほかの野菜

大根、長ねぎ、小松菜、セロリ、白菜、カリフラワーなど

Column1

"フライパン蒸しがもっとおいしくなる"
混ぜるだけの**たれ**

フライパン蒸しはシンプル調理が多いので、たれを添えて味変するのもおすすめ！
お好みをぜひ見つけてくださいね。材料は全て作りやすい分量です。

梅昆布だれ

塩昆布・・・・・2g
（キッチンばさみで刻む）
梅肉・・・・・大さじ1
しょうゆ・・・・小さじ2
砂糖・・・・・小さじ1と1/2
水・・・・・大さじ3

本書の中で相性のよいメニューは……
> P14　とりつくねときのこのズボラ蒸し
> P18　とりむねとブロッコリーのプリプリ包み蒸し
> P27　豚とキャベツのさっぱり蒸し

トマケチャだれ

トマト・・・・・50g（細かく刻む）
ケチャップ、水・・各大さじ1
酢・・・・・小さじ1
砂糖・・・・・小さじ1/2
塩・・・・・ひとつまみ

本書の中で相性のよいメニューは……
> P16　たっぷりキャベツのビッグはさみ蒸し
> P24　小松菜と豚の重ね蒸し
> P31　なすと豚肉の重ね蒸し

ごましょうゆだれ

白いりごま・・・・大さじ2
しょうゆ、ごま油・・各大さじ2

本書の中で相性のよいメニューは……
> P23　豚バラと白菜の重ね蒸し
> P89　なすの丸ごと蒸し
> P97　蒸し肉巻きにんじん

濃厚ヨーグルトだれ

プレーンヨーグルト・・70g
粉チーズ・・・・・10g
粒マスタード・・・・小さじ1
塩・・・・・ひとつまみ

本書の中で相性のよいメニューは……
> P36　鮭とトマトの重ね蒸し
> P90　ささ身のぷるぷるレタス巻き
> P101　トマチーズッキーニ

きな粉みそだれ

みそ・・・・・小さじ2
白すりごま、きな粉・・各小さじ1
酢、しょうゆ・・・各大さじ1/2
砂糖・・・・・小さじ1/2

本書の中で相性のよいメニューは……
> P88　豆苗肉巻きのヘルシー蒸し
> P99　大根とにんじんのミルフィーユ
> P78　キャベツ蒸しどり（キャベツに）

しょうがレモンオイルだれ

しょうがのみじん切り・・1/2片分
オリーブ油・・・・・大さじ2
レモン汁・・・・・大さじ1
塩・・・・・ふたつまみ
こしょう・・・・少々

本書の中で相性のよいメニューは……
> P37　たらのせり蒸し
> P35　ひらひら大根ととりだんごのフライパン蒸し
> P44　とり肉と大根の塩煮

Part2

ボリューム満点のガッツリ味も
フライパン蒸しにお任せ

味にパンチをきかせて、
お腹も心も満たして😊

蒸し料理=あっさりで物足りないと思うかもしれませんが、
ゴロっと大きめに切ったり、にんにくやしょうがをきかせたり、
辛みを足したりすれば、食べごたえのある料理になりますよ。
濃い味好きな男の人や食べ盛りのお子さんも満足の15品です。

なめこ麻婆なす

なめこの自然なとろみを活かすから、簡単で失敗もなし！
大きめなすと、ごろっと焼いた肉がボリュームアップの秘訣

材料（2人分）

- とりひき肉 ････ 180g
- なめこ ････ 1袋
- なす ････ 小3本
- 小ねぎ ････ 30g
- にんにく、しょうが（ともにみじん切り）
  ････ 各1片分
- 豆板醤 ････ 小さじ1と1/2
- 酒 ････ 大さじ1
- 塩 ････ ふたつまみ
- A
  - 水 ････ 50ml
  - みそ ････ 大さじ1
  - しょうゆ ････ 小さじ1
- ごま油 ････ 小さじ2

作り方

1. なめこはさっと洗う。なすは縦半分に切って皮に2〜3mm間隔で斜めに切り込みを入れ、長さを半分に切る。ねぎは5cm分ほどを小口切りにし、残りは3〜4cm長さに切り、白い部分と青い部分に分ける。

2. フライパンにごま油、にんにく、しょうがを入れて弱火で熱し、香りが立ったら豆板醤を加えて炒める。中央にひき肉をかたまりごと入れ、肉を囲むようになすの皮を下にして加え、中火にする。

3. ひき肉には触らず、焼き色がついたらかたまりごと上下を返す。ねぎの白い部分、酒、塩を加えてふたをし、3分蒸し焼きにする。なすがしんなりとしていたら上下を返し、さらにふたをして3分蒸し焼きにする。

4. ふたを外してAとなめこを加え、ひき肉をほぐしながら混ぜる。水分がほとんどなくなるまで中火で煮る。ねぎの青い部分を加えてさっと混ぜたら器に盛り、小口切りのねぎをのせる。好みでラー油、花椒（ホワジャオ）をかける。

ひき肉は最初からほぐさず、大きめにゴロッと焼くのがポイント。しっかり焼き色をつけて。

なめこのとろみを使うから、水溶き片栗粉は必要なし！ ボリュームも増えて味わいもアップ。

即席もやしキムチを作って、
その辛みを活かしてキムチ鍋に。
市販の鍋つゆ要らずな本格的な味！

もやしキムチの
ピリ辛鍋

材料（2人分）

豚バラ薄切り肉	180g
もやし	1袋
絹ごし豆腐	1丁（300g）
しめじ	1/2袋（50g）
大根	100g
にんじん	縦1/4本
にら	5〜6本
A　みそ	大さじ2
ラー油、豆板醤、酒	各小さじ2
しょうゆ	小さじ1
おろしにんにく	小さじ1/2
塩、こしょう	各ふたつまみ

作り方

1. ボウルにAを入れて混ぜ、もやしを加えてあえ、もやしキムチを作る。
2. 豆腐はひと口大に切り、しめじはほぐす。大根はスライサーで薄い輪切りにする。豚肉はトレーの中で塩、こしょうをふり、キッチンばさみで食べやすい大きさに切る。
3. フライパンにクッキングシートを30cm長さに切って敷き（P15参照）、しめじ、大根、豆腐を順に入れる。豚肉、①を汁ごとのせる。クッキングシートの下に水130ml（分量外）を注ぎ入れて中火にかける。
4. 湯気が出始めたらふたをして弱めの中火にし、10分加熱する。火を止めてふたを外し、にんじんをピーラーで削ってのせ、にらはキッチンばさみで3cm長さに切ってのせる。ふたをして3分おく。

Point!

にんじん、にらは火を止めて余熱で仕上げる。にんじんはピーラーで、にらはキッチンばさみで切るとラクチン。やけどに気をつけて。

もやしキムチは倍量など多めにして加熱後に取り出して作り置きにしても。普通のもやしのほか、豆もやしで作ってもおいしい。

包み蒸し棒餃子

餃子はしっかり閉じなくてもいい棒餃子だと作業がラクチン。
たっぷりの野菜とともに包み蒸しにすると特別感もアップ！

材料（2人分）

〈肉だね〉
- 豚ひき肉・・・・・160g
- にら・・・・・・30g
- しょうが（みじん切り）
  ・・・・・・1/2片分
- ごま油・・・・・大さじ1
- 酒、しょうゆ・・・各大さじ1/2
- おろしにんにく、塩
  ・・・・・・各小さじ1/2
- キャベツ・・・・・150g
- 豆苗・・・・・・1/2袋
- 餃子の皮・・・・・6枚
- 塩・・・・・・ふたつまみ

作り方

1. にらは5mm幅、キャベツは細切りにする。厚手のポリ袋に肉だねの材料をすべて入れ、口を閉じて袋の上からよくもんで混ぜる。

2. クッキングシートを35cm長さに2枚切って広げ、餃子の皮を3枚ずつ並べる。①の袋の隅を斜めに切り落とし、皮の中央に横長に絞り出す。肉だねを指や箸で押さえて皮の長さに合わせて分ける。皮の上部に水（分量外）をつけ、下、上の順に皮をたたむようにして閉じる。

3. ②をいったん端に寄せ、塩をひとつまみずつふり、キャベツ、豆苗を等分に入れて餃子をのせ、キャンディ包みにして口を閉じる（P19参照）。

4. フライパンに並べ、水130ml（分量外）をクッキングシートの下に注ぎ入れて中火にかける。ふつふつとしてきたらふたをし、弱火で7分蒸す。餃子の皮が透き通ったらクッキングシートごと器に盛り、酢とこしょうなど好みのたれを添える。

肉だねをポリ袋で混ぜ合わせ、並べた餃子の皮の上に一気に絞り出すと包むのが圧倒的にラクチンに。

肉だねを軽く押さえて餃子の皮ごとに分け、下、上の順に皮をくっつける。棒餃子だから肉だねが多少はみ出してもOK。

ゴロゴロきのこと豚バラの クリーム煮

寒くなってくると食べたくなるクリーム煮もフライパンで。
にんにくと粒マスタードを加えるのがポイント。味に深みが出ます

材料(2人分)

豚バラ薄切り肉 ・・・150g
好みのきのこ ・・・・合わせて200g
　(ここではエリンギ小2本、しいたけ3個、しめじ・まいたけ各60gを使用)
牛乳・・・・・・・・200ml
油・・・・・・・・・小さじ1
塩、こしょう ・・・・各ふたつまみ
小麦粉・・・・・・・大さじ1
A ┌ 粒マスタード ・・・小さじ1と1/2
　├ しょうゆ ・・・・・小さじ1/2
　└ おろしにんにく ・・小さじ1/4

作り方

① きのこ類は大きめに切る(またはほぐす)。豚肉はトレーの中でキッチンばさみで長さを3〜4等分に切る。

② フライパンに油をひいて中火で熱し、豚肉を広げる。塩、こしょうをふり、焼き色がついたら上下を返す。きのこを加えて豚肉を上にのせ、ふたをして弱めの中火で3分蒸し焼きにする。

③ ふたを外して小麦粉をまんべんなくふり、粉っぽさがなくなるまで炒め合わせたら、牛乳を加えて混ぜる。

④ とろみがついたら弱火にし、Aを加えてさっと混ぜる。味をみて足りなければ塩でととのえる。器に盛り、好みで粗みじん切りにした青じそをのせる。

しそクリームのとりむねステーキ

高タンパクで価格的にもうれしいとりむね肉は、濃厚ソースが好相性。
みそとヨーグルトに青じそを加えてさわやかに。ごちそう感のある一皿

材料(2人分)

とりむね肉	1枚(250g)
マッシュルーム	3個
黄パプリカ	1/4個
〈しそソース〉	
┌ 青じそ	4枚
│ プレーンヨーグルト	大さじ1
│ みそ	小さじ1
└ おろしにんにく	小さじ1/4
塩	ふたつまみ
小麦粉	大さじ1
酒	大さじ1
オリーブ油	大さじ1

作り方

① マッシュルームは縦半分、パプリカはひと口大の乱切りにする。青じそはみじん切りにして残りのソースの材料と混ぜる。

② とり肉は両面に塩をふって長さを半分に切り、袋状になるように厚みの真ん中部分に切り込みを入れてポケットを作る。しそソースを半量ずつ入れ、小麦粉を全体にまぶす。

③ フライパンにオリーブ油をひいて中火で熱し、②を並べて焼く。焼き色がついたら上下を返し、酒を回し入れる。ふたをして弱めの中火で10分蒸し焼きにする。マッシュルーム、パプリカを加えて火を止め、ふたをしたまま5分おく。

④ とり肉を取り出して器に盛り、マッシュルームとパプリカを中火でさっと炒める。とり肉に添え、残った汁はとり肉にかける。好みでレタスを添える。

かぶと豚バラロールのさっと煮

冬になるとみずみずしくなるかぶは生でも食べられるけど、火を入れてもおいしい。大ぶりに切って、ひと口大に丸めた豚バラと合わせます

材料(2人分)

豚バラ薄切り肉・・・8枚
かぶ(葉つき)・・・・2個
青じそ・・・・・・・6枚
A 酢・・・・・・・大さじ2
　みそ・・・・・・小さじ2
　しょうゆ・・・・大さじ1/2
塩・・・・・・・・・適量
油・・・・・・・・・小さじ1
酒・・・・・・・・・大さじ1/2

作り方

1. かぶは茎を少し残して皮つきのまま六つ割りにし、葉はざく切りにする。Aは混ぜる。
2. 豚肉は少し重なるようにしてまな板に並べる。塩ふたつまみを全体にふって青じそを3枚ずつ並べる。手前から巻き、ひと口大に切る。
3. フライパンに油をひいて②とかぶを並べ、中火にかける。ちりちりと音がし始めたら塩ひとつまみをふって酒を回しかけ、ふたをして3~4分蒸す。
4. ふたを外してAを回しかけ、かぶの葉を加えてざっと混ぜ合わせる。強めの中火にし、水分がほとんどなくなるまでからめながら煮る。

まな板を縦にして、豚バラ、青じそも縦に並べてくるくると巻く。ギュッときつめに巻きつけるのがポイント。

包み蒸し麻婆豆腐

定番の麻婆豆腐を包み蒸しにすると、
肉も豆腐もふわっとやわらかく仕上がります。
しっかり味なのに油は少なめなのもうれしい

材料(2人分)

豚こま切れ肉 ・・・・ 180g
絹ごし豆腐 ・・・・・ 1丁(300g)
長ねぎ ・・・・・・・ 上1/2本
豆苗 ・・・・・・・・ 1袋
しめじ ・・・・・・・ 60g
Ⓐ 酒 ・・・・・・・・・ 大さじ3
　しょうゆ、片栗粉
　　・・・・・・・・ 各大さじ1
　ごま油、みそ ・・・ 各小さじ2
　豆板醤、おろししょうが
　　・・・・・・・・ 各小さじ1/2
　おろしにんにく ・・ 小さじ1/4
塩、こしょう ・・・・ 各ひとつまみ

作り方

① 豆腐はひと口大に切る。ねぎは白い部分はみじん切り、青い部分は斜め薄切りにする。豆苗は長さを半分に切り、しめじはほぐす。豚肉のトレーにⒶとねぎのみじん切りを加えてなじませるようにして混ぜ、豚肉とよくからめる。

② クッキングシートを35cm長さに2枚切って広げ、豆苗、豆腐、ねぎの青い部分、しめじ、豚肉を半量ずつ順にのせ、塩、こしょうをふる。両端をねじってキャンディ包みにする(P19参照)。

③ フライパンに②を並べ、クッキングシートの下に水130ml(分量外)を注ぎ入れて強めの中火にかける。ふつふつとしてきたらふたをし、弱めの中火で10分蒸す。火を止め、ふたをしたまま3分おく。器に盛り、好みで花椒(ホワジャオ)をふる。

ズッキーニと豚肉の重ねステーキ

夏が旬のズッキーニは蒸し焼きにすると、ねっとりやわらか食感になって美味。
調味は塩、こしょうにレモンとしょうゆを少々。さわやかな風味に豚の脂がマッチ

材料（2人分）

豚バラ薄切り肉 ・・・・・4枚
ズッキーニ ・・・・・・・1本
塩・・・・・・・・・ふたつまみ
こしょう ・・・・・・・ひとつまみ
油・・・・・・・・・・小さじ2
しょうゆ、レモン汁 ・・・各小さじ1

作り方

① ズッキーニは縦6等分の薄切りにする。豚肉に塩、こしょうをふる。

② ズッキーニ1切れ、豚肉1枚（はみ出た部分は内側に折る）を順に2回のせ、ズッキーニが一番上にくるように重ねる。同様にもうひとつ作る。

③ フライパンに油をひいて強めの中火で熱し、②を焼く。焼き色がついたら上下を返し、ふたをして弱めの中火にして4分蒸し焼きにする。

④ ふたを外してしょうゆ、レモン汁を鍋肌から回し入れ、フライパンを傾けながらとろみがつくまで加熱する。器に盛り、好みでトマトの角切りをのせ、粉チーズをふる。

ごろっときゅうりと豚の
ピリ辛蒸し

生で食べるのが定番のきゅうりですが、実は火を入れてもおいしい！
食べごたえが出るように、大きめにカットするのがポイント

材料(2人分)

豚ロース薄切り肉	150g
きゅうり	2本
にんじん	1/5本
玉ねぎ	1/4個
塩	ふたつまみ
Ⓐ 酒	小さじ1
おろしにんにく、おろししょうが	各小さじ1/2
豆板醤	小さじ1/2
片栗粉	大さじ1
ごま油	小さじ2
酒、しょうゆ	各小さじ2

作り方

① きゅうりは長さを3等分に切り、さらに縦半分に切る。にんじんはせん切り、玉ねぎは薄切りにする。豚肉はトレーの中で塩ひとつまみをふってキッチンばさみで長さを半分に切る。Aを加えて混ぜ、片栗粉をまぶす。

② フライパンにごま油をひき、塩ひとつまみをふり、きゅうりの皮を下にして並べ、にんじん、玉ねぎを順に加え、豚肉を広げながらのせる。

③ 酒、しょうゆを回しかけて中火にかけ、ふつふつとしてきたらふたをし、弱めの中火で7分蒸し煮にする。ふたを外し、水分がほとんどなくなるまで強めの中火で煮る。

豚こまボールとねぎの甘辛蒸し炒め

しょうゆ+コチュジャンでご飯に合うおかず。お弁当にも◎。
豚こまをまとめることでごろっと感が出てボリュームアップ！

材料(2人分)

- 豚こま切れ肉・・・・・200g
- 長ねぎ・・・・・・・1本
- キャベツ・・・・・・100g
- 塩・・・・・・・・・ふたつまみ
- 小麦粉・・・・・・・適量
- ごま油・・・・・・・小さじ2
- 酒・・・・・・・・・大さじ1
- A しょうゆ・・・・・大さじ1
- 　砂糖、コチュジャン・・各小さじ1

作り方

1. ねぎは2cm長さ、キャベツはざく切りにする。豚肉は10等分してざっくりまとめ、塩をふって小麦粉をまぶす。

2. フライパンにごま油をひいて中火で熱し、豚肉を焼く。焼き色がついたら上下を返し、ねぎ、キャベツを加える。ときどき混ぜながら全体に焼き色がついたら酒を加え、ふたをして弱火で5分ほど蒸し焼きにする。

3. Aを順に加えて煮からめ、器に盛る。好みで小ねぎの小口切りをのせる。

お揚げさんのジューシー肉詰め

油揚げに肉だねを詰めれば、うまみがギュッと凝縮されておいしい。
さらに野菜やきのこを一緒に煮ることで、立派なメイン料理のでき上がり

材料(2人分)

油揚げ・・・・・・・2枚
小松菜・・・・・・・2わ
えのきたけ・・・・・1袋(100g)
さつまいも・・・・・50g
〈肉だね〉
 ┌ 豚ひき肉・・・・・100g
 │ みそ・・・・・・・小さじ2
 │ しょうゆ・・・・・小さじ1
 │ 削りがつお・・・・5g
 └ 白いりごま・・・・大さじ1
Ⓐ┌ 水・・・・・・・・100ml
 └ みりん、しょうゆ・・各大さじ1

作り方

① 小松菜は長さを2〜3等分に切る。えのきは1/3量は1cm長さ、残りはほぐす。さつまいもは5mm厚さの半月切りにする。油揚げは好みで油抜きをし、長さを半分に切る。

② ボウルに①の刻んだえのきと、肉だねの材料を入れて混ぜる。油揚げに1/4量ずつ詰め、つまようじを刺して口を閉じる。

③ フライパンを中火で熱し、②とさつまいもを並べて両面に焼き色がつくまで焼く。Aを順に加え、ふつふつとしてきたらふたをし、弱火で6分蒸し煮にする。

④ ふたを外して油揚げの上下を返し、小松菜と残りのえのきを加える。再びふたをし、煮立ったら火を止め、ふたをしたまま3分おく。煮汁にからめながら器に盛る。

シーフードじゃがの梅コチュ炒め

肉じゃがならぬ、シーフードじゃが。玉ねぎはゴロっと大きめにしてボリュームアップ。コチュジャンのコクに梅肉のさっぱり風味がよく合います

材料(2人分)

冷凍シーフードミックス ・・・・・・・・・・・150g
玉ねぎ・・・・・・・1個
じゃがいも・・・・・小5個
さやいんげん・・・・5本
A ┌ 酒、しょうゆ・・・・各小さじ2
  │ コチュジャン、梅肉・各小さじ1
  └ おろしにんにく・・・小さじ1/2
水・・・・・・・・・60ml
塩・・・・・・・・・ふたつまみ
油・・・・・・・・・小さじ1

作り方

1) 玉ねぎは6等分、じゃがいもはひと口大、いんげんは長さを5等分に切る。シーフードミックスは半解凍させ、Aをからめる。

2) フライパンに油をひいて中火で熱し、玉ねぎとじゃがいもを焼く。焼き色がついたら上下を返し、いんげんを加え、塩をふって水を加える。ふたをし、弱火で10分蒸し煮にする。

3) ふたを外し、じゃがいもに竹串がすっと通ったらシーフードミックスを加え、強めの中火にして水分がほとんどなくなるまで煮る。

しいたけの牛のせステーキ

大きなしいたけを見つけたらぜひ作ってほしい一品。しいたけと相性のよい牛肉でうまみの相乗効果がばっちり。小ねぎもいい仕事をしています

材料（2人分）

牛こま切れ肉	180g
しいたけ	大6個
玉ねぎ	1/2個（100g）
小ねぎ	3本
Ⓐ みそ、しょうゆ、砂糖、酒	各小さじ1
おろしにんにく	小さじ1/4
油	小さじ2
塩、こしょう	各少々

作り方

1. しいたけは軸を除き、玉ねぎは芯を残したまま縦4等分、小ねぎは5cm長さに切る。Ⓐは混ぜる。牛肉はトレーの中で塩、こしょうをふる。
2. しいたけのかさの内側にⒶ、小ねぎ、牛肉の順に1/6量ずつのせる（牛肉の端はかさの内側に折り込むと外れにくい）。
3. フライパンに油をひき、2と玉ねぎを並べて中火にかける。玉ねぎに焼き色がついたら上下を返し、水小さじ2（分量外）を加え、ふたをして7〜8分蒸し焼きにする。
4. 器に盛り、好みで白いりごまをふる。

牛肉の端をしいたけのかさの中にギュッと押し込むようにすると、蒸し焼きにしても肉が外れにくい。

牛肉とこんにゃくのすき煮

材料も調味料もシンプルだけど、それぞれのうまみが合わさって奥深い
味わいに。肉はかたくならないように一度取り出して戻すのがポイント

材料（2人分）

牛すき焼き用肉 ・・200g
こんにゃく（あく抜き済み）
　・・・・・・・・150g
大根・・・・・・・200g
油・・・・・・・・小さじ2
Ⓐ 酒、しょうゆ、みりん、水
　・・・・・・各大さじ1と1/2

作り方

① 大根は5mm厚さのいちょう切りに、こんにゃくはスプーンでひと口大にちぎる。

② フライパンに油をひいて中火で熱し、牛肉の両面をさっと焼いて取り出す。

③ 同じフライパンに大根を入れ、両面に焼き色がつくまで焼いたら、こんにゃく、Aを加え、ふたをして弱めの中火で10分蒸し煮にする。

④ ふたを外して②を戻し入れ、強めの中火にしてとろみがつくまで煮る。器に盛り、好みで大根の細切り、水菜のざく切りをのせる。

にんじんと豚バラのオムレツ

見た目も華やかなオムレツはおもてなしにもぴったり。豚バラ使用で
食べごたえも十分。仕上げにかけるフレッシュなソースがよく合います

材料（2人分）

豚バラ薄切り肉・・・180g
Ⓐ 塩・・・・・・・ふたつまみ
　青のり・・・・・小さじ2
　しょうゆ・・・・小さじ1
にんじん・・・・・100g
卵・・・・・・・・3個
Ⓑ 塩・・・・・・・ひとつまみ
　砂糖・・・・・・小さじ1
〈ソース〉
　ミニトマト・・・3個
　ケチャップ・・・大さじ1
　おろししょうが・・小さじ1/2

作り方

① にんじんはスライサーで薄い輪切りにする。豚肉はトレーの中でキッチンばさみでひと口大に切り、Aを加えてからめる。卵は溶きほぐしてBを加えて混ぜる。ミニトマトは四つ割りにし、残りのソースの材料と混ぜる。

② 直径18cmのフライパンににんじんと豚肉を交互に並べる。中火にかけ、ちりちりと音がし始めたら卵液を流し入れる。卵のフチが固まってきたら弱火にし、ふたをして7分蒸し焼きにする。火を止め、ふたをしたまま3分おく。

③ ソースをかけ、好みで小ねぎの小口切りをちらす。

にんじんと豚バラを交互に並べると、見た目も華やかになります。トングを使うと手も汚れず◎。

Column2
うまみ、コク出しのための
乾物

料理の仕事を本格的に始めてから、なるべく化学調味料を使わなくても満足できるようなレシピを考えたいと思うようになりました。さらに、私はどちらかというとシンプルな味つけが好きですが、夫は濃くてうまみの強い味が好き。蒸し料理は油が少なめなため、やさしい味になりがちなので、なんとか夫にも満足してもらえるレシピにしたいと考えたところ、役に立つのが乾物ということに気づきました（濃い味好きさんには、混ぜるだけのたれ〈P50〉やしょうゆ漬け、オイル漬け〈P112〉もおすすめ）。

乾物のいいところは何より保存が利くところ。ズボラさんこそ持っておくと便利な食材だと思います。ここでは、戻し時間が要らない、夜遅く帰っても作れるレシピにとくにおすすめの乾物を紹介します。

とろろ昆布（①）は汁ものなどが定番ですが、ハンバーグなどひき肉料理に加えるとぐっとうまみが底上げされます。塩昆布（②）は蒸し料理に足したり、ドレッシングに加えたり、ちょっと塩けが欲しいなというときに重宝します。うまみと塩けの両方を足してくれるのが◎。乾燥小えび（③）は同じ海鮮系と相性がいいので、海鮮パエリアやチゲスープに入れるのがおすすめ。切り身の魚でリゾットを作るときにもいい仕事をしてくれます。トッピングでおなじみの削りがつお（④）ですが、私は肉だんごに入れたり、炒めものにたっぷり入れたり。また、サラダの具材やドレッシングなどにもおすすめ。タンパク質も加わり、かつおのだしが入ると香り豊かになります。小袋パックのものでもいいですが、粗削りのものがあると、さらに特別感もアップします。

→ P45 あんかけ豆腐

→ P18 とりむねとブロッコリーの
　　プリプリ包み蒸し

→ P79 蒸し玉ねぎのおかかのせ

Part3

一気に2品!
メイン ✚ サブを
同時蒸し

フライパンのスペースをゆるやかに2つに分けて蒸すことで
2品のおかずが同時に作れちゃいます。
一緒に作ったとは思えない味の違いにびっくりするはずです!
バリエーションが豊富な7レシピ(14品)をご紹介。

並べて
いっしょに
蒸せばOK!!

メインおかず

とりとれんこんの甘辛照り煮

しょうゆベースの甘辛味で下味をつけ、仕上げの酢で引き締めて。
とり肉は加熱後に大きめに切るから、食べごたえもばっちり

材料（2人分）

[メイン]

とりもも肉・・1枚（250g）
塩・・・・・ひとつまみ
れんこん・・・100g
長ねぎ・・・・1/2本

[サブ]

にんじん・・・100g
しめじ・・・・120g
Ⓐ 酒、しょうゆ、みりん
　・・・・各大さじ1
　水・・・・大さじ2
Ⓑ オイスターソース、ごま油
　・・・・各小さじ1
Ⓒ 酢・・・・小さじ2
　砂糖・・・・小さじ1

サブおかず

にんじんとしめじの
中華風蒸し

とり肉と一緒に蒸すから、コクが自然とプラスされておいしい。
加熱後にオイスターソースとごま油をあえるだけで中華風に

作り方

1. れんこんは7mm厚さの輪切り、ねぎは3cm長さ、にんじんは小さめの乱切り、しめじは大きめにほぐす。とり肉は分厚い部分にキッチンばさみで切り込みを入れ、両面に塩をふる。

2. フライパンの半分にとり肉を皮目を下にして入れ、れんこん、ねぎをのせる。残りの半分ににんじん、しめじを並べ、全体にAを回しかける。

3. 中火にかけ、ふつふつとし始めたらふたをして弱めの中火で10分蒸す。にんじんに火が通ったら、にんじんとしめじを取り出してBであえる（サブのでき上がり）。ふたを外してフライパンに残ったとり肉、れんこん、ねぎにCをかけて照りが出るまで煮からめ、キッチンばさみでとり肉を食べやすく切る（メインのでき上がり）。

メインおかず

厚揚げのはさみ焼き

野菜たっぷりの肉だねをはさんだ食べごたえのあるおかず。
下にしいたなすがうまみを吸い、くったりとしておいしい！

材料（2人分）

[メイン]

厚揚げ	2枚(240g)
豚ひき肉	80g
にら	2本
にんじん	20g
しょうが(せん切り)	1/2片分
なす	1本
Ⓐ しょうゆ	小さじ1
塩、こしょう	各ふたつまみ

[サブ]

まいたけ	1パック(80g)
かぶ	1個
塩	少々
Ⓑ しょうゆ、ごま油	各小さじ1

サブおかず

まいたけとかぶの蒸し焼き

まいたけ、かぶのどちらも大きめにするのがポイント。
素材の味を活かしてしょうゆとごま油でシンプルに仕上げて

作り方

1. にらは5mm幅、にんじんは粗みじん切りにする。なすは縦5mm幅、かぶは六つ割りにする。まいたけはほぐす。厚揚げは横半分に切って真ん中に切り込みを入れる。
2. 厚手のポリ袋にひき肉、にら、にんじん、しょうが、Aを入れて袋の上からよくもみ込んで混ぜる。ポリ袋の隅を斜めに切り落とし、厚揚げの切れ込みに等分に絞り出し、断面をととのえる。
3. フライパンの半分になすを並べ、厚揚げをのせる。残りの半分にまいたけとかぶをのせ、塩をふる。
4. 中火にかけ、ふつふつとしてきたらふたをして弱めの中火で7分蒸し焼きにする。厚揚げとなすを取り出す(メインのでき上がり)。残ったまいたけとかぶにBをからめる(サブのでき上がり)。

メインおかず

ふっくら蒸し鮭

鮭は蒸すと焼くよりもふっくらとしておいしい！
生鮭の代わりに甘塩鮭を使っても。その場合は塩を加減して

材料（2人分）

[メイン]

- 生鮭・・・・2切れ
- 塩・・・・・ひとつまみ
- 白菜・・・200g

[サブ]

- ごぼう・・・2/3本（70g）
- にんじん・・1/2本（70g）
- れんこん・・100g
- しょうゆ、酒
  　・・・・各大さじ1
- 塩・・・・・ひとつまみ

サブおかず

根菜のきんぴら風

火が通りにくい根菜類もフライパン蒸しなら火通りOK。
メインを取り出してから、汁けがなくなるまでしっかり煮からめて

作り方

1. 鮭に塩をふって10分おき、水けを拭き取る。白菜はひと口大に切る。ごぼうとにんじんは皮つきのまま斜め薄切りに、れんこんは皮つきのまま5mm幅に切り、大きければ半月切りにする。

2. フライパンに塩、にんじん、ごぼう、れんこんを順に重ね入れ、しょうゆ、酒を回しかける。フライパンの半分に白菜を並べ、鮭をのせる。

3. 中火にかけ、ふつふつとしてきたらふたをして弱めの中火で7分蒸す。

4. 鮭の色が変わったら鮭と白菜を取り出して器に盛り、好みでしょうゆを添える（メインのでき上がり）。ふたを外して中火にし、水分がほとんどなくなるまで煮たら器に盛り、好みで七味唐辛子をかける（サブのでき上がり）。

メインおかず

キャベツ蒸しどり

人気おかずの蒸しどりはキャベツの水分でしっとり仕上げて。
調理時間は少しかかるけれど、蒸す時間はほったらかしで大丈夫

材料（2人分）

[メイン]

- とりむね肉 ・・・・・ 大1枚（350g）
- キャベツ ・・・・・・ 250g

〈たれ〉
- にら（5mm幅に切ったもの）
  ・・・・・・・・・ 3〜4本分
- しょうゆ ・・・・ 小さじ1
- おろししょうが ・ 小さじ1/2
- 白いりごま ・・・ 小さじ2
- 塩 ・・・・・・・ ひとつまみ
- 蒸し汁 ・・・・・ 大さじ2

[サブ]

- 玉ねぎ ・・・・・・・ 1個
- 塩、ポン酢、削りがつお
  ・・・・・・・・・・ 適量

サブおかず

蒸し玉ねぎの
おかかのせ

玉ねぎは大きく切り、じっくり蒸して甘みを引き出して。
削りがつおとポン酢でシンプルにいただきます

作り方

1. キャベツはざく切り、玉ねぎは六つ割りにする。とり肉の両面に塩ふたつまみをふり、分厚いところはキッチンばさみで切り込みを入れる。
2. フライパンに塩ふたつまみを全体にふり、半分にキャベツを広げ、とり肉をのせる。残りに玉ねぎを並べる。
3. フライパンのフチから水120ml（分量外）を加えて中火にかけ、ふつふつとしてきたらふたをして弱火で20分蒸す。火を止め、ふたをしたまま10分おく。
4. たれの材料を混ぜ合わせる。キャベツを器に広げ、とり肉を薄切りにしてのせ、たれをかける（メインのでき上がり）。玉ねぎは別の器に盛り、削りがつおをのせ、ポン酢をかける（サブのでき上がり）。

メインおかず

れんこんの はさみ焼き

手間のかかるはさみ焼きも副菜と同時蒸しならラクチン。
じっくり蒸したれんこんと肉だねの食感の違いもおいしい

材料（2人分）

[メイン]

豚ひき肉・・・・・150g
れんこん・・・・・6cm
A 酒・・・・・小さじ1
  塩・・・・・小さじ1/4
  こしょう・・・・・少々
練りがらし・・・・・小さじ1/2

[サブ]

かぼちゃ・・・・・250g
B しょうゆ、酒、みりん
  ・・・・・各大さじ1
  水・・・・・大さじ2
  塩・・・・・ひとつまみ
C みそ・・・・・小さじ1
  白すりごま・・・・・大さじ1

サブおかず

かぼちゃサラダ

蒸すからやわらかくなり、つぶすのもあっという間。
さらに、下味もついていて、仕上げの調味は最低限でOK

作り方

① かぼちゃは皮をむいてひと口大、れんこんは7mm厚さの輪切り（8枚になるようにする）にする。Bは混ぜる。

② 厚手のポリ袋にひき肉、Aを入れて袋の上からもんで混ぜる。ポリ袋の隅を斜めに切り落とし、れんこん4切れに等分に絞り出して残りのれんこんではさむ。

③ フライパンの半分にを並べ、残りの半分にかぼちゃの皮がついていた側を下にして並べる。

④ Bを回しかけて中火にかけ、ふつふつしてきたらふたをして弱めの中火にし、8分蒸す。かぼちゃに火が通ったらかぼちゃを取り出し、熱いうちにフォークなどでつぶしてCを加えて混ぜ、好みで白ごまをふる（サブのでき上がり）。

⑤ ふたを外してフライパンに残ったはさみ焼きにからしを加え、蒸し汁に溶かして煮からめる（メインのでき上がり）。

メインおかず

ぶり大根

和食の定番おかずもまさかの同時調理可能！
大根をやや薄めに切ることで短時間でも味がしみしみ

材料（2人分）

［メイン］

ぶり・・・・・2切れ

塩・・・・・ひとつまみ

大根・・・・・1/4本（250g）

しょうが・・・1/2片

［サブ］

さつまいも・・130g

エリンギ・・・2本

塩・・・・・ひとつまみ

A しょうゆ、酒、みりん、水
・・・・各大さじ1と1/2

砂糖・・・・小さじ1

サブおかず

さつまいもとエリンギの甘辛煮

ほくほくとして甘いさつまいもに、淡白なエリンギが合う。
きのこはお好みのものに替えてアレンジしても

作り方

① ぶりに塩をふって10分おき、水けを拭く。大根は1cm厚さの半月切りにする。しょうがはせん切りにする。さつまいもは皮つきのままひと口大に切り、時間があれば水に10分つける。エリンギは3cm長さに切り、かさの部分はさらに縦半分に切る。

② フライパンの半分に大根を並べ、ぶりをのせる。残りの半分にさつまいも、エリンギを並べる。

③ Aを全体に回しかけ、さつまいも、エリンギに塩をふり、中火にかける。ふつふつとしてきたらふたをして弱めの中火にし、10分蒸す。さつまいもに火が通ったら、さつまいもとエリンギをさっと混ぜ合わせる（サブのでき上がり）。

④ ふたを外して残ったぶり大根にしょうがを加え、強めの中火にして煮汁を煮からめる（メインのでき上がり）。

メインおかず

ポッサム風蒸し豚

たっぷり野菜の上にのせてかたまり肉を蒸す。
じっくり余熱で火を通すことで、やわらかくジューシーに仕上がる

材料（2人分）

[メイン]

豚バラブロック肉・・・350g
塩麹・・・・・・・・大さじ1と1/2

〈たれ〉

- おろしにんにく・・・小さじ1/4
- コチュジャン、しょうゆ
　・・・・・・各小さじ1
- ごま油・・・・・・小さじ2
- 小ねぎ（小口切り）・・10〜20g

[サブ]

キャベツ・・・・・・1/3個（300〜350g）
大根・・・・・・・・1/4本（250g）
しめじ・・・・・・・1袋（100g）
塩・・・・・・・・・ひとつまみ
A 酒・・・・・・・・大さじ2
　しょうゆ・・・・・大さじ1
　塩・・・・・・・・少々
　水・・・・・・・・130ml

サブおかず

たっぷり野菜の
くたくた塩煮

長めに蒸し煮にすることで野菜本来の甘みを引き出して。
かさが減ってたっぷりと食べられるのもうれしい

作り方

① 豚肉に塩麹を塗ってラップで包み、30分〜ひと晩おく（30分の場合は常温、ひと晩おく場合は冷蔵室。調理する30分前に常温におく）。

② キャベツはざく切り、大根はスライサーで薄い輪切り、しめじはほぐす。たれの材料は混ぜる。

③ フライパンに塩、しめじ、キャベツ、大根を順に重ね入れる。Aを順に加え、豚肉をかたまりごとのせる（ふたがしまらなければ大根は豚肉のまわりにのせる）。

④ 中火にかけ、ふつふつとしてきたらふたをし、弱火で15分蒸し、肉の上下を返し、さらに弱火で15分蒸す。火を止め、ふたをしたまま10分おく。

⑤ 豚肉は1cm幅に切り、好みでレタスや黄パプリカなどと器に盛り、たれを添える（メインのでき上がり）。蒸し煮にした野菜は別の器に盛る（サブのでき上がり）。

Column3
フライパン蒸しに添えたい、すぐできスープ

ちょっと栄養がたりないなというときに頼りになるのがスープ。スープというと、顆粒だしについつい頼りたくなりますが、うまみのある食材（下記白マーカーをつけたもの）をいっしょに煮込めば、充分おいしくなります。

切り干し大根は実はうまみの宝庫！
トマトと切り干し大根のスープ

材料(2人分)
- トマト・・・・・1個
- 玉ねぎ・・・・・50g
- にんじん・・・・30g
- 切り干し大根・・3g
- 塩・・・・・・・ふたつまみ
- ケチャップ・・・大さじ1
- こしょう・・・・少々
- 水・・・・・・・350ml

作り方
1　玉ねぎは薄切り、にんじんはせん切りに、トマトはひと口大に切る。切り干し大根はさっと洗う。
2　鍋に水、玉ねぎ、にんじん、切り干し大根、塩を入れて中火にかける。ひと煮立ちしたらトマト、ケチャップ、こしょうを加えてにんじんがやわらかくなるまで5分煮る。味をみて足りなければ塩で調味する。

しゃきしゃきのレタスがおいしい！
レタ玉スープ

材料(2人分)
- レタス・・・・・100g
- まいたけ・・・・40g
- にんじん・・・・20g
- 卵・・・・・・・1個
- しょうゆ・・・・大さじ1/2
- おろしにんにく・小さじ1/4
- 乾燥小えび・・・小さじ1
- 塩・・・・・・・ふたつまみ
- こしょう・・・・ひとつまみ
- 水・・・・・・・400ml

作り方
1　レタスは大きめにちぎり、まいたけはほぐす。にんじんはピーラーで帯状に削る。卵は溶きほぐす。
2　鍋に水、にんじん、しょうゆ、にんにく、乾燥小えび、塩を入れて中火にかける。煮立ったらまいたけを加え、まいたけがしんなりしたら強めの中火にし、卵を少しずつ流し入れる。
3　レタス、こしょうを加え、しんなりとしたら火を止める。

キムチの酸味とうまみが豆腐によく合う
チンゲン菜のキムチスープ

材料(2人分)
- 絹ごし豆腐・・・120g
- チンゲン菜・・・50g
- 白菜キムチ・・・50g
- 塩・・・・・・・ふたつまみ
- 水・・・・・・・400ml

作り方
1　チンゲン菜は長さを3等分に切り、豆腐は食べやすい大きさに切る。
2　鍋に水、塩、チンゲン菜を入れて中火にかけ、煮立ったらキムチ、豆腐を加える。
3　味をみて塩で調味し、チンゲン菜がしんなりするまで煮る。好みで黒こしょうをふる。

水煮のあさり缶を使ったお手軽スープ
くたくた白菜のバタースープ

材料(2人分)
- 白菜・・・・・・・・200g
- あさり水煮缶・・・・30g
- あさり水煮缶の汁・・大さじ1
- 酒・・・・・・・・・大さじ1
- 塩・・・・・・・・・ふたつまみ
- バター・・・・・・・10g
- こしょう・・・・・・少々
- 水・・・・・・・・・350ml

作り方
1　白菜はざく切りにする。
2　鍋に、水、白菜、あさり、あさり缶の汁、酒、塩を入れて中火にかける。
3　煮立ったら弱めの中火にして8分煮る。火を止め、バター、こしょうを加える。

くるりと
巻いたり…

Part4
巻く・詰める・重ねる・並べる の映えレシピ

ちょっと特別感を味わいたいときは、いつもの食材でも
巻いたり、詰めたり、重ねたり、並べたりすれば
あっという間にごちそう感のあるおかずのでき上がり。
実は簡単なのに凝って見える14レシピです。

ズラリと並べる

ギュギュッと
詰める!!

豆苗肉巻きのヘルシー蒸し

相性のよい豆苗×豚バラ肉。炒めものもいいけれど、巻いて並べれば食べやすいし見た目も◎。肉のうまみが染みたもやしも絶品！

材料（2人分）

豚バラ薄切り肉 ・・・6枚
豆苗・・・・・・・1袋
もやし・・・・・・1袋
塩、こしょう ・・・各ふたつまみ
〈たれ〉
　水・・・・・・・大さじ1
　白すりごま ・・・小さじ2
　みそ、しょうゆ ・・各小さじ1
　おろしにんにく、豆板醤
　　・・・・・・・各小さじ1/2
酒、しょうゆ ・・・各大さじ1

作り方

① 豚肉に塩、こしょうをふり、キッチンばさみで長さを半分に切る。豆苗1/12量の根元に近いほうを豚肉1枚の端にのせ、きつめに巻きつける。残りも同様に巻く。たれの材料は混ぜる。

② フライパンにもやしを広げ、肉巻きを放射状に並べる。酒、しょうゆを回しかけて中火で熱し、ふつふつとしてきたら弱火にしてふたをし、5～6分蒸す。

③ 肉の色が変わったら火を止め、ふたをしたまま3分おく。たれを添える。

豆苗は根元に近い部分を肉に巻きつける。火が通ると巻きがゆるくなるので、ギュッときつく巻くのがポイント。

なすの丸ごと蒸し

定番のなすの肉詰めもフライパン蒸しにお任せ。蒸し焼きにすることで
ふんわりジューシーに。ごま油としょうゆのシンプル調味でどうぞ

ヘタのギリギリまで深めに切り込みを入れると
奥まで肉だねが詰められる。
ポリ袋から直接絞り出せばラクチン。

材料（2人分）

- なす ・・・・・・ 小4本
- A
  - 豚ひき肉 ・・・・ 160g
  - キャベツ ・・・・ 小1枚（30g）
  - にら ・・・・・・ 30g
  - ごま油、しょうゆ、片栗粉
    ・・・・・・・・ 各大さじ1
  - 塩 ・・・・・・・ 小さじ1/2
  - こしょう ・・・・ ふたつまみ
- 〈たれ〉
  - しょうゆ ・・・・ 小さじ2
  - ごま油 ・・・・・ 小さじ2
- 油、水 ・・・・・・ 各大さじ1

作り方

1. なすはヘタのすぐ下から十字に切り込みを入れる。キャベツ、にらは粗みじん切りにする。
2. 厚手のポリ袋にAを入れ、袋の口を閉じて袋の上からよくもみ込む。袋の隅を斜めに切り落とし、なすの切れ込みの間にたっぷりと絞り出す。なすを軽く握って肉だねを密着させる。
3. フライパンに油をひいて中火で熱し、2を焼く。ジュージューと音がし始めたら水を加えてふたをし、10分蒸し焼きにする。火を止め、ふたをしたまま3分おき、器に盛る。
4. 同じフライパンにたれの材料を加え、残った肉汁と合わせて、なすにかける。

ささ身のぷるぷるレタス巻き

とりささ身をたっぷりのレタスで巻いてボリューム満点に。
ささ身に片栗粉をまぶすことで、しっとりぷるぷるの仕上がりに

材料（2人分）

- とりささ身・・3本
- レタス・・・大6枚
- まいたけ・・・60g
- 削りがつお・・大さじ2
- A
  - 塩・・・・ふたつまみ
  - おろしにんにく・・・・小さじ1/2
  - 酒・・・・大さじ1
- 片栗粉・・・・大さじ2

作り方

1. ささ身はキッチンばさみでかたい筋の部分だけを切り落とす。1本は縦半分に切り、残りは太い部分に切り込みを数本入れ、Aをよくからめる。

2. クッキングシートを35cm長さに2枚切って広げ、片栗粉を大さじ1ずつ広げる。①を半量ずつ加えて片栗粉を全体にまぶす。レタスを3枚ずつ加えてささ身を上にのせ、削りがつおを半量ずつかけてレタスでささ身を包む。まいたけをほぐして半量ずつまわりにのせ、好みでにんじんをピーラーで削りながらのせる。両端をねじってキャンディ包みにする（P19参照）。

3. フライパンに②を並べ、クッキングシートの下に水130ml（分量外）を注ぎ入れて中火で加熱する。ふつふつとしてきたらふたをし、弱火で7分蒸す。火を止め、ふたをしたまま3分おく。クッキングシートごと器に盛り、キッチンばさみで4〜5等分に切り分ける。好みでめんつゆやしょうゆをかける。

豚こまのみそキャベツ巻き

ロールキャベツは手間だけど、ざっくり巻いて蒸すキャベツ巻きなら簡単！ キャベツが多少破れても蒸してしまえば大丈夫

材料（2人分）

- 豚こま切れ肉 ・・150g
- キャベツ ・・・・外葉6枚
- にんじん ・・・・小1本
- 小ねぎ ・・・・・1/2束
- まいたけ ・・・・50g
- A ┌ みそ ・・・・大さじ1と1/2
  └ 酒 ・・・・・大さじ1
- 塩 ・・・・・・ひとつまみ
- 油 ・・・・・・大さじ2

作り方

1. にんじんはせん切り、小ねぎは5cm長さに切る。まいたけはほぐす。キャベツは軸を切り取る。Aは混ぜる。
2. キャベツに豚肉を1/6量ずつのせる。にんじん、小ねぎ、まいたけを1/6量ずつのせ、キャベツで巻く（このとき、キャベツが破れても大丈夫）。
3. フライパンに油をひいて塩をふり、2の巻き終わりを下にして並べる。Aをキャベツの上に等分にのせ、中火にかける。パチパチと音がし始めたらふたをして、弱めの中火で10分蒸し焼きにする。

肉と野菜がたっぷり入って具だくさん。
肉→野菜の順に重ね、きつめに巻いて。

生のキャベツなので
巻きにくい場合があるけれど、
多少破れても
気にしなくて大丈夫。

ひと口ピーマンの肉詰め

ピーマンの種を取る手間もなく、肉が外れにくいのもうれしい。
とうもろこしは飾りなので、コーン缶を使うか、なくてもOK

材料(2人分)

ピーマン・・・・4個
とうもろこし・・1/4本
A 豚ひき肉・・・200g
　パン粉・・・・大さじ3
　酒・・・・・・大さじ1
　塩・・・・・・小さじ1/2
　こしょう・・・ふたつまみ
油、しょうゆ・・各小さじ2
砂糖・・・・・・小さじ1

作り方

1. ピーマンは上下を5mmずつ切り落とし、種つきのまま横に半分〜3等分に切る。とうもろこしは芯から実を外す。
2. 厚手のポリ袋にAを入れ、袋の口を閉じて袋の上からもみ込んで混ぜる。ポリ袋の隅を斜めに切り落とし、ピーマンに等分に絞り出す。スプーンでなでるようにして肉だねをしっかり詰め、とうもろこしを等分にてのせる。
3. フライパンに油をひいて中火で熱し、2を焼く。底面に軽く焼き色がついたらふたをし、弱めの中火で7〜8分蒸し焼きにする。ふたを外してしょうゆと砂糖を加えて強めの中火にし、水分がほとんどなくなるまで煮からめる。

ピーマンの肉詰め蒸し

しょうがと青じそのさわやかな風味でさっぱり食べられる肉詰め。
オイスターソースがほどよいコクをプラス。お弁当にも◎

材料(2人分)

- 豚ひき肉 ・・・・・150g
- ピーマン ・・・・4個
- えのきたけ ・・・30g
- しょうが ・・・・1片
- 青じそ ・・・・・3枚
- A 酒、オイスターソース
  ・・・・・・各大さじ1
  塩 ・・・・・ふたつまみ
- 油 ・・・・・・・小さじ1

作り方

1. ピーマンは縦半分に切り、種を除く。えのきは1cm長さに切り、しょうがとしそはせん切りにする。
2. ひき肉のトレーにえのき、しょうが、Aを入れ、ゴムベラでさっくり混ぜる。
3. フライパンに油をひき、ピーマンを並べて 2 を等分にのせる。中火にかけ、パチパチと音がしてきたら水大さじ2(分量外)を加えてふたをし、弱火で8分蒸す。
4. 火を止めてしそをのせ、ふたをしたまま3分おく。器に盛り、好みでベビーリーフと半分に切ったミニトマトを添える。

ピリ辛そぼろのかぶのせ

キムチベースの肉そぼろと、
淡泊なかぶが好相性。
焼きのりの風味がいいアクセントに

材料（2人分）

かぶ・・・・・・・2個
豚ひき肉・・・・・200g
A ┌ 白菜キムチ・・・50g
　└ 塩、こしょう・・各ひとつまみ
焼きのり・・・・・1枚
油・・・・・・・・小さじ2
塩・・・・・・・・少々

作り方

1. かぶは7mm厚さの輪切りにする。焼きのりは3cm四方に切る。肉のトレーにAを加えて混ぜ、ゴムベラで押し固める。

2. フライパンに油をひいて塩をふり、かぶを並べる。のりを2〜3切れずつのせ、肉だねを等分にのせる。

3. 中火にかけ、パチパチと音がし始めたらふたをし、弱めの中火で8分蒸し焼きにする。火を止めて3分おき、器に盛り、好みで刻んだ貝割れ大根をのせる。

長いもの肉巻き

手間のかかる肉巻きも長いもなら簡単。
肉巻きの状態で冷凍保存もできるので
お弁当のおかずにもぴったり

材料（2人分）

豚バラ薄切り肉・・・6枚
長いも・・・・・・・130g
塩・・・・・・・・・ひとつまみ
A 酒、みりん、しょうゆ
　　・・・・・・・各小さじ2

作り方

1. 長いもは豚肉の幅と同じ長さの拍子木切りにする。豚肉は長さを半分に切って塩をふる。
2. 豚肉1枚に長いもを2〜3切れずつのせてくるくると巻く。フライパンに巻き終わりを下にして並べて中火にかける。ときどき転がしながら焼き、全体に焼き色がついたら、水大さじ1（分量外）を加え、ふたをして弱火で10分蒸し焼きにする。
3. ふたを外してAを順に加え、強めの中火で水分がほとんどなくなるまで煮からめる。器に盛り、好みで水菜やミニトマトを添える。

豚肉で長いもを巻いた状態で冷凍可。
調理する際は冷凍のままフライパンに入れ、
水大さじ1を加えてふたをし、弱めの中火で10分加熱する。
ふたを外してAを加え、煮からめればOK。

ひと口なすのはさみ焼き

なす×ひき肉の名コンビ。小さめサイズで特別感さらにアップ！
じっくりと火を入れたにんにくチップがおいしさの決め手

材料（2人分）

〈肉だね〉
- 豚ひき肉・・・200g
- 塩・・・・・・小さじ1/2
- こしょう・・・ふたつまみ

なす・・・・・・大1本
にんにく・・・・1片
油・・・・・・・大さじ1

作り方

1. なすは縦2〜3mm幅に切り、にんにくは薄切りにする。
2. 厚手のポリ袋に肉だねの材料を入れ、よくもみ込む。ポリ袋の隅を斜めに切り落とし、なすの片側に等分に絞り出す。なすを二つ折りにするようにして肉だねを包み、10秒ほど軽く握って肉を密着させる。
3. フライパンに油とにんにくを入れて弱火にかける。ときどき上下を返しながら両面がきつね色になったら取り出す。
4. 同じフライパンに②を並べ、中火にかける。上下を返しながら両面に焼き色をつけたらふたをし、3分蒸し焼きにする。器に盛り、好みで削りがつおをのせ、③をちらす。

蒸し肉巻きにんじん

豚バラ薄切りを使えば、蒸し時間が長くなってもかたくならず美味。
にんじんと豚肉の甘みを味わいたいから味つけはシンプルに

材料(2人分)

豚バラ薄切り肉 ・・8枚
にんじん ・・・・・細めのもの2本
塩、こしょう ・・・各ふたつまみ
油・・・・・・・・小さじ2

作り方

1. にんじんは縦半分に切り、長さを半分に切る。豚肉に塩、こしょうをふり、にんじんを1切れずつくるくると巻く。
2. フライパンに油をひき、1の巻き終わりを下にして並べ、中火にかける。パチパチと音がし始めたら水大さじ1（分量外）を加えてふたをし、弱火で15〜20分、にんじんがやわらかくなるまで蒸す。
3. ふたを外し、強めの中火にして2〜3分加熱し、汁けを飛ばす。器に盛り、好みで削りがつおと小ねぎの小口切りをのせ、しょうゆをかける。

材料（2人分）

- 豚ロース薄切り肉 ・・・・・ 6枚
- 白菜(1/4〜1/6にカットしたもの) ・・ 外葉6枚
- 青じそ ・・・・・・・・・ 6枚
- とろろ昆布 ・・・・・・・ 4g
- 梅肉 ・・・・・・・・・ 大さじ1
- ごま油 ・・・・・・・・ 小さじ1と1/2
- 塩 ・・・・・・・・・・ ひとつまみ
- A
  - 水 ・・・・・・・・・ 70ml
  - 酒 ・・・・・・・・・ 大さじ1
  - しょうゆ ・・・・・・ 小さじ2

梅しそ白菜ロール

白菜に青じそや梅肉をのせ、豚肉で巻いてボリューム満点。とろろ昆布が風味とコク出しのいいアクセント。

作り方

1. 白菜は軸の部分をめん棒などでたたいて平らにつぶす。
2. 白菜1枚にとろろ昆布1/6量、しそ1枚、梅肉1/6量をのせて手前からくるくると巻く。豚肉1枚を少しのばして白菜を巻く。残りも同様に巻く。
3. フライパンにごま油を中火で熱し、2の巻き終わりを下にして並べる。肉に塩をふり、Aを順に加える。ふつふつとしてきたらふたをし、弱火で7分蒸し煮にする。
4. 煮汁にさっとからめて煮汁ごと器に盛り、好みで貝割れ大根をのせる。

大根とにんじんのミルフィーユ

大根とにんじんをずらして並べれば、見た目も◎。豚肉でボリュームを、まいたけでうまみをプラスして

材料(2人分)

- 豚こま切れ肉 ‥ 180g
- 大根 ‥‥‥ 100g
- にんじん ‥‥ 100g
- まいたけ ‥‥ 1パック(80g)
- A みそ、酒 ‥ 各大さじ1
- 　片栗粉 ‥‥ 小さじ2
- 　砂糖 ‥‥‥ 小さじ1
- 水 ‥‥‥‥ 200ml
- 塩 ‥‥‥‥ ふたつまみ

作り方

1. 大根とにんじんは皮つきのまま2〜3mm厚さの輪切りにする(大根が大きい場合は半月切りかいちょう切りにする)。まいたけはほぐす。豚肉のトレーにAを加えて混ぜ合わせる。
2. フライパンに大根とにんじんを交互に重ねて並べる(余った分は中央に重ねる)。豚肉を中央にのせ、まいたけをまわりに並べる。塩を全体にふり、水を加えて中火にかける。
3. ふつふつとしてきたらふたをし、5分蒸し煮にする。肉が白くなっていたら肉をほぐし、ふたをしてさらに3分蒸し煮にする。好みで刻みのりと糸唐辛子をのせる。

材料（2人分）

豚バラ薄切り肉・・・6枚
ズッキーニ・・・・・1/2本
トマト・・・・・・・1/2個
塩・・・・・・・・・ふたつまみ
〈ねぎだれ〉
　┌ 長ねぎ（みじん切り）
　│　・・・・・・・10cm分
　│ 塩、こしょう・・・各少々
　│ レモン汁、ごま油
　│　・・・・・・・各小さじ2
　└ しょうゆ・・・・小さじ1

作り方

1. ズッキーニはスライサーで縦薄切りにして端から巻く。トマトは角切りにする。豚肉は長さを半分に切って塩をふり、端から巻く。ねぎだれの材料は混ぜる。
2. フライパンに豚肉の巻き終わりを下にして並べ、弱めの中火にかける。しばらく触らずそのまま焼き、焼き色がついたら上下を返し、もう片面も焼く。
3. 弱火にしてズッキーニを加え、ふたをして3分蒸す。器に盛ってトマトをのせ、ねぎだれをかける。

ズッキーニと豚のロール蒸し焼き

くるくる巻いたズッキーニと豚肉はふわふわ食感。
仕上げにのせたトマトとねぎだれがよく合う

トマチーズズッキーニ

スライサーで薄切りにしたズッキーニでおしゃれな一品。
みそ＋塩麹＋にんにくのたれも絶品

材料（2人分）

豚ロース薄切り肉　・・・6枚
ズッキーニ　・・・・・・1本(約200g)
中玉トマト　・・・・・・3個
モッツァレラチーズ　・・1個
〈たれ〉
┌ みそ・・・・・・・・大さじ1
│ 塩麹・・・・・・・・小さじ2
└ おろしにんにく　・・小さじ1/2

ズッキーニ2枚を少しずらして重ねて。肉、トマト、チーズを包んだとき、少し隙間ができても大丈夫。

作り方

① ズッキーニはスライサーで縦薄切りにする（24枚作る）。トマト、チーズは5mm厚さの輪切りにする。たれの材料は混ぜる。

② ズッキーニ2枚を重ねて縦長におき、十字に重なるようにもう2枚を横に重ねる。豚肉1枚を横長にのせ、中央にトマト1枚、チーズ1枚、たれ1/6量、トマト1枚を順に重ねる。上、下、左、右の順に、ズッキーニを中心に向けてたたむようにして包む。残りも同様に包み、全部で6個作る。

③ フライパンに平ざるをおき、ざるに当たらない深さまで水（分量外）を注ぐ。②の包み終わりを下にしてざるに並べ、中火にかける。ふつふつとしてきたらふたをして7分蒸す。器に盛り、好みでさらにトマトの輪切りと粉チーズをのせる。

Column4
私のお気に入りの器たち

大学生のころから器に興味を持ち、いろいろ試しながら自分が使いやすいサイズや色、形を探して、ようやく私らしいスタイルが見つかってきました。
作家さんの思いがこもった作品や、時を経て受け継がれてきたアンティークのお皿も少しずつ集めてきて、そんなお皿が収納されている食器棚は私の宝箱でもあります。お気に入りの器はズボラ料理の強い味方。適当に作った茶色飯も、少し焦げちゃったおかずも、お気に入りに盛れば何倍もおいしく見せてくれ、失敗すらいとおしく思えることも。
私が器を選ぶ際のポイントを参考にして、ぜひ、食器選びを楽しんでお気に入りの器を見つけてみてください。

メイン皿のスタメンはこの5枚

この本のフライパン蒸しに合うメインのお皿は直径23〜26cmのものがおすすめ。やや汁があるので、少し深さのあるものを選んでいます。シンプルな色のものだと器同士がケンカせずしっくりなじむ気がしますが、その中に柄物が1枚でも加わると、茶色っぽい地味ごはんも一気に華やかになります。

食卓を彩ってくれるその他の器

小さめの鉢や楕円皿、ガラス皿、豆皿は追加でサラダやお漬けものを食べるときに。メイン皿や取り皿は丸いものが多くなりがちなので、素材や形にこだわって選ぶようにしています。

よく使うお気に入りの取り皿

取り皿は10〜18cmくらいのものが多いです。疲れているときは小さめを使うと洗い物がラクチンです（ちょっとの差ですが全然違うんです！）。メイン皿は1枚で買いますが、取り皿は2枚ずつそろえて統一感を持たせるように。取り皿くらいのサイズだと作家さんの作品などでも手に入れやすいので複数買いできるのもうれしい点です。

私のお気に入りの食器棚

食器棚は結婚を機に購入しました。もともと古道具や古いものをリメイクしている家具が好きなので、食器棚はアンティークを買おうと心に決めていました。この食器棚は高さが低いので、ダイニングにおいても圧迫感がないところに惹かれて購入。ガラス扉で中が見えるのも気に入っています。

豪快レタスサラダ

さつまいもとクリームチーズのサラダ

彩りパプリカのマスタードあえ

Part5
さっと蒸し副菜 &
すぐできサラダ

フライパン蒸しはメイン料理だけではありません。
もう一品欲しいな……というときに、肉や魚なしでも
満足感たっぷりの副菜があっという間にでき上がります。
火を使わないサラダ（P110-111）は箸休めにも最適です。

ごぼうといんげんのさっと蒸し

オクラともずくのねばねばサラダ

とろっと食感のなすが絶品！
なすのじっくり蒸し

材料（2人分）

なす・・・・・・・・・2本
A みそ、しょうゆ、水・・各小さじ1
　おろしにんにく・・・小さじ1/4
　塩・・・・・・・・・少々
油・・・・・・・・・・小さじ2
削りがつお・・・・・・適量

作り方

1. なすはヘタつきのまま縦半分に切る。Aは混ぜる。
2. フライパンに油をひいて中火で熱し、なすを皮を下にして並べて2分焼く。上下を返し、水小さじ1（分量外）を加えてふたをし、弱火で10分蒸す。
3. なすがくたっとしたら器に盛り、断面にAを塗って削りがつおをのせる。

なめこの自然な
とろみを活かして
チンゲン菜と豆腐のなめこ蒸し

材料（2人分）

チンゲン菜・・・・・2株
木綿豆腐・・・・・・200g
なめこ・・・・・・・1袋
ごま油・・・・・・・小さじ2
塩・・・・・・・・・ひとつまみ
しょうゆ・・・・・・小さじ1
粗びき黒こしょう・・少々

作り方

1. なめこはさっと洗う。チンゲン菜は長さを半分に切り、根元は四つ割りにする。木綿豆腐は3cm角に切る。
2. フライパンにごま油、塩を回し入れてチンゲン菜を並べ、木綿豆腐、なめこをのせてしょうゆを回しかける。中火にかけて音がし始めたらふたをし、弱めの中火で5分蒸し焼きにする。
3. ふたを外して黒こしょうをふり、全体を混ぜて1分炒める。

みそとクリームチーズの
相性ばっちり！

さつまいもと
クリームチーズの
サラダ

材料（2人分）

さつまいも ・・・ 150g
水菜 ・・・・・ 40g
アーモンド ・・・ 7粒
クリームチーズ ・・ 40g
みそ ・・・・・・ 小さじ1と1/2

作り方

1. さつまいもはよく洗い、皮つきのまま1cm角に切る。水菜は3cm長さに切る。アーモンドは粗みじん切りにし、飾り用に少しとっておく。
2. フライパンにさつまいも、水大さじ2（分量外）を入れて中火で加熱する。ふつふつとしてきたらふたをして6分蒸す。さつまいもに火が通ったらふたを外して強めの中火にして水けを飛ばし、火を止める。
3. 残りの材料を加えてよく混ぜる。器に盛り、飾り用のアーモンドをちらす。

蒸すことでパプリカの
甘みがぐっと際立つ

彩りパプリカの
マスタードあえ

材料（2人分）

ミニパプリカ（赤・黄・オレンジなど好みのもの）
・・・・・・・・・・・・・ 4個
※普通のパプリカなら1個

オリーブ油 ・・・・・・・ 小さじ2
A ┌ 粒マスタード ・・・・ 小さじ2
  │ しょうゆ ・・・・・・ 小さじ1/2
  │ 塩 ・・・・・・・・・ ひとつまみ
  └ 粗びき黒こしょう ・・・ 少々

作り方

1. パプリカは半分に切る（普通のパプリカの場合は食べやすく切る）。
2. フライパンにオリーブ油、1、水大さじ1（分量外）を入れて油が回るように混ぜる。中火にかけ、パチパチと音がし始めたらふたをして弱火で4分蒸す。
3. ふたを外し、Aを加えて中火にし、水分が飛ぶまで炒める。

ピーマンはおおぶりに切って
食感よく炒めるのがポイント

ピーマンと
エリンギの
ごま蒸し炒め

材料(2人分)

ピーマン・・・・2個
エリンギ・・・・2本
白すりごま・・・大さじ1
油・・・・・・・小さじ2
A ┌ 酒・・・・・・大さじ1
　└ 塩・・・・・・ひとつまみ

作り方

1. ピーマンはヘタと種をくりぬき、3cm厚さの輪切りにする。エリンギは3cm長さに切り、かさの部分はさらに縦半分に切る。
2. フライパンに油をひいて中火で熱し、1、Aを加え、ふつふつとし始めたらふたをして弱めの中火にし、5分蒸す。
3. ふたを外し、ごまを加えてさっと炒める。

バジルの爽やかな香りに
癒やされる

にんじんの
バジルバター蒸し

材料(2人分)

にんじん・・・80g
バジル・・・・5枚
にんにく・・・1片
塩・・・・・・ひとつまみ
バター・・・・10g
こしょう・・・少々

作り方

1. にんじんは7mm四方、4cm長さの拍子木切りにする。バジルはちぎる。にんにくは薄切りにする。
2. フライパンににんじん、にんにく、塩を入れてさっとあえ、水大さじ1(分量外)を加えて中火にかける。ふつふつとし始めたらふたをして弱火にし、にんじんがやわらかくなるまで7分蒸す。
3. ふたを外し、バターを加えて水分を飛ばすようにさっと炒めたら、バジルとこしょうを加えて混ぜる。器に盛り、好みでさらにバジルの葉を飾っても。

くたっとした白菜が美味
白菜とアスパラのオイスター蒸し

材料（2人分）

白菜・・・・・・・・180g
アスパラガス・・・・2本
A ごま油・・・・・・小さじ2
　オイスターソース・・小さじ1
　しょうゆ・・・・・小さじ1/2
B 塩・・・・・・・・ひとつまみ
　粗びき黒こしょう・・少々

作り方

1. 白菜はひと口大に切る。アスパラガスは根元を1cm切り落とし、下1/3の皮をピーラーでむいて5cm幅の斜め切りにする。
2. フライパンに①、Aを加えて油が回るように混ぜる。中火にかけ、パチパチと音がし始めたらふたをして弱火で4分蒸す。
3. ふたを外し、Bを加えて強めの中火にし、水分が軽く飛ぶまで炒める。

みそ×きな粉の
香ばしい風味が絶品
ブロッコリーとえのきのきな粉みそあえ

材料（2人分）

ブロッコリー・・・・・1個(200g)
えのきたけ・・・・・・50g
A ごま油・・・・・・小さじ2
　きな粉、みそ、酒・・各小さじ1
　しょうゆ・・・・・小さじ1/2
B 塩・・・・・・・・ひとつまみ
　こしょう・・・・・少々

作り方

1. ブロッコリーは小房に分け、茎はかたい部分を切り落としてから斜め薄切りにする。えのきは長さを4等分に切ってほぐす。
2. フライパンに①、Aを入れて中火で熱し、パチパチと音がし始めたらふたをして弱火で5分蒸す。
3. ふたを外し、Bを加えて強めの中火にし、水分を飛ばしながら炒める。

食物繊維が豊富なところも
うれしい

ごぼうといんげんの さっと蒸し

材料（2人分）

ごぼう・・・・・・80g
さやいんげん・・・5本
大豆（水煮）・・・・30g
酒・・・・・・・大さじ1
油・・・・・・・小さじ2
おろしにんにく・・小さじ1/4
塩、こしょう・・・各ひとつまみ

作り方

1. ごぼうは皮をこそげ、ピーラーでささがきにする。いんげんは2等分に切る。
2. フライパンに材料をすべて入れ、中火にかける。パチパチと音がし始めたらふたをして5分蒸す。
3. ふたを外し、強めの中火にして1分炒める。味をみて足りなければ塩で調味する。

中華×モッツァレラが
意外に合う

ほうれん草と きくらげの中華風あえ

材料（2人分）

ほうれん草・・・・・・・1わ
乾燥きくらげ・・・・・・3g
モッツァレラチーズ（ひと口サイズ）
・・・・・・・50g
A ごま油・・・・・・小さじ2
  しょうゆ・・・・・小さじ1
  豆板醤・・・・・・小さじ1/2
  塩・・・・・・・・少々

作り方

1. きくらげはぬるま湯に15分浸けて戻す。
2. 鍋に熱湯を沸かし、ほうれん草を入れて1〜2分ゆでる。取り出して水にさらし、しっかりと水けを絞って長さを3等分に切る。
3. 同じ鍋にきくらげを入れて1分ゆで、ざるに上げて冷水にとり、水をきる。
4. ボウルにA、2、3を入れてあえ、モッツァレラチーズを加えてさっと混ぜる。

くずれたブロッコリーが
ソース風に
じゃがいもと
ブロッコリーの
かつおバター蒸し

材料（2人分）

じゃがいも	小5個（250g）
ブロッコリー	3房
塩	適量
水	70ml
バター	20g
削りがつお	5g
粗びき黒こしょう	少々

作り方

1. じゃがいもはひと口大に切る。ブロッコリーは小房に分け、縦半分に切る。
2. フライパンに①、塩ひとつまみ、水を入れて中火にかける。ふつふつし始めたらふたをして弱めの中火にし、10分蒸し煮にする。
3. じゃがいもに竹串がスッと通ったらふたを外し、ブロッコリーをくずしながら強めの中火で煮る。水分が減ってきたら、バター、削りがつお、黒こしょうを加えてさっと炒め、塩で調味する。

きのこをミックスすると◎
きのこの
にんにくオイル蒸し

材料（2人分）

好みのきのこ	200g
（ここではしめじ60g、エリンギ2本、まいたけ60g）	
にんにく	1片
油	大さじ1
赤唐辛子の小口切り	5切れ
塩	ひとつまみ
粗びき黒こしょう	少々
しょうゆ	小さじ1/2

作り方

1. きのこはほぐしたり、切ったりして食べやすい大きさにする。にんにくはみじん切りにする。
2. フライパンに油、にんにく、赤唐辛子、きのこを加えて油が回るように混ぜる。弱火にかけ、パチパチと音がし始めたらふたをして弱火で6分蒸し炒めにする。
3. ふたを外し、強めの中火にして水分を飛ばしながら炒める。塩、黒こしょう、しょうゆを加えてさっと炒め、味をみて足りなければ塩で調味する。器に盛り、好みで青じそのせん切りをのせる。

塩けはしらずと塩昆布におまかせ
豪快レタスサラダ

材料（2人分）
- レタス・・・・・小1個
- しらす干し・・・3g
- 塩昆布・・・・・3g
- トマト・・・・・1/2個
- オリーブ油・・・大さじ1
- こしょう・・・・少々

作り方
1. トマトは1cm角に切り、オリーブ油と混ぜる。
2. レタスを4等分にちぎって器に盛る。しらす、塩昆布をちらし、①を回しかけ、こしょうをふる。

納豆が具にもドレッシングにも！
キャベツ納豆のサラダ

材料（2人分）
- キャベツ・・・・250g
- 納豆・・・・・・1パック
- にら・・・・・・10g
- ごま油、しょうゆ
  ・・・・・各小さじ1
- 塩・・・・・・・ひとつまみ

作り方
1. キャベツは細切りにする。
2. 納豆はよく混ぜ、キッチンばさみでにらを1cm幅に切り入れる。納豆に付属のたれとからし、ごま油、しょうゆを加えてさらに混ぜる。
3. 器にキャベツを盛って塩を全体にふり、②をのせる。

ポリポリと、なめらか。食感のコントラストが◎
大根とアボカドのポリポリサラダ

材料（2人分）
- 大根・・・・・・200g
- 塩・・・・・・・ふたつまみ
- アボカド・・・・1/2個
- A オリーブ油、酢
  ・・・・・各大さじ1
  粒マスタード
  ・・・・・小さじ2
  砂糖・・・・小さじ1
  こしょう・・少々

作り方
1. 大根は4～5cm長さの細切りにし、塩をふって5分おき、水けを絞る。
2. アボカドは1.5cm角に切る。
3. ボウルに①とAを入れてあえる。
4. アボカドを加えてざっと混ぜ、好みで塩で調味する。

さっぱりとした味わいで
いい箸休めに

わかめときゅうりの梅しらすサラダ

材料（2人分）

きゅうり・・・・・1本
塩・・・・・・・ひとつまみ
カットわかめ・・5g
しらす干し・・・20g
A｜酢、ごま油・・・各小さじ2
　｜梅肉、砂糖・・・各小さじ1
　｜しょうゆ・・・小さじ1/2

作り方

1. きゅうりは5cm長さの細切りにし、塩であえて5分おき、水けを絞る。わかめは袋の表示通りに水で戻し、水けを絞る。
2. しらすとAを混ぜる。
3. 1を器に盛り、2をのせる。

刻んだたくあんが味と食感のアクセント

オクラともずくのねばねばサラダ

材料（2人分）

オクラ・・・・・4本
もずく（味がついていないもの）
　・・・・・・・5g
たくあん・・・・30g
A｜酢・・・・・・小さじ2
　｜しょうゆ・・・小さじ1/2
　｜砂糖・・・・・小さじ1/2
塩・・・・・・・適量

作り方

1. オクラは小口切りにする。たくあんは粗みじん切りにする。
2. ボウルに1、もずく、Aを加えて混ぜ、塩で調味する。

ヨーグルト＋豆腐のドレッシングで軽やか

切り干し大根のクリーミーサラダ

材料（2人分）

切り干し大根・・10g
ミニトマト・・・6個
レタス・・・・・大1枚
絹ごし豆腐・・・40g
プレーンヨーグルト
　・・・・・・・40g
A｜オリーブ油・・小さじ2
　｜しょうゆ・・・小さじ1
　｜おろしにんにく
　｜・・・・・・小さじ1/4
　｜塩・・・・・ふたつまみ
　｜こしょう・・・少々

作り方

1. 切り干し大根は袋の表示通りに水で戻し、軽く水けを絞る。ミニトマトは半分に切り、レタスはひと口大にちぎる。
2. ボウルに豆腐、ヨーグルト、Aを入れてフォークでよく混ぜ、1を加えてあえる。

Column5

あると便利な しょうゆ漬け、オイル漬け

味が濃くてうまみの強い料理が好きな夫には、蒸し料理はやや物足りないことを知り、うまみをプラスできる方法を模索して、漬け調味料にたどりつきました。ただ漬けるだけなので、準備はたった5分ほどで、あとは待つだけ。時間のある週末などにひとつでも仕込んでおけば、日々の自炊をラクにしてくれます。顆粒だしはあまり使いたくない、うまみを少し足したいというときにも重宝します。

＊作る際・使う際の注意点＊
材料はすべて作りやすい分量です。／瓶は煮沸消毒した清潔なものを使う。／冷蔵室に保管して3週間ほどで使い切る。／蒸し料理の最後に少しかけたり、ドレッシングにしたり、炒めものに使ったりと使い方は無限。／残った具材も食べられるので、最後までおいしく食べてください。

しそとしょうがのしょうゆ漬け

材料
しょうゆ・・・80ml
青じそ・・・・10枚
しょうが・・・1/2片

作り方
1　しそは洗ってキッチンペーパーで水けをよく拭き取る。しょうがはせん切りにする。
2　清潔な瓶にすべての材料を入れる。30分後から使える。

おいしい使い方
しそをご飯にのせて食べたり、湯豆腐にかけたりすると◎。にんにくを加えて野菜炒めの調味料として使うのもおすすめ。

ほたてのしょうゆ漬け

材料
乾燥ほたて・・・20g
しょうゆ・・・・80ml

作り方
清潔な瓶にすべての材料を入れる。2日目から使えるけれど、3日目ごろからおいしくなる。

おいしい使い方
ほたてのうまみがしみ出て蒸し料理に最適。残ったほたてはチャーハンの具材にしてもおいしい。スープに少量入れるのもおすすめ。

乾物のオイル漬け

材料
油・・・・・80ml
削りがつお・・・3g
乾燥小えび・・・3g
塩昆布・・・・3g

作り方
清潔な瓶にすべての材料を入れる。3日目ごろからが食べごろ。

おいしい使い方
和風、中華系の料理に合う。残った具材は蒸した野菜にさっと混ぜてもおいしい。うまみが足りないときにさっと回しかけて。

玉ねぎのにんにくオイル漬け

材料
オリーブ油・・・30ml
油・・・・・50ml
玉ねぎ・・・・30g
にんにく・・・1片
赤唐辛子・・・1本

作り方
1　玉ねぎは繊維を断ち切るように横薄切りにする。にんにくは半分に切り、唐辛子は種を除く。
2　清潔な瓶にすべての材料を入れ、冷蔵室に1日おく。翌日から使える。

おいしい使い方
調理の際の油やドレッシングの油として使うと香りもよくワンランクアップ。残った具材はサラダやパスタの具材にするとおいしい。

Part6
ラクチン一皿ごはん

ワンプレートで
洗い物も少ない!

忙しいときに便利なご飯ものや麺などもフライパン蒸しにお任せ。
クッキングシートを使った技ありの二段蒸し(P115、P118)や
手軽に作れるのに本格的なパエリア、汎用性の高いミートソース
など、とくにおすすめしたい12品をご紹介します。

野菜たっぷり スパイスカレー

水きり要らずの焼き豆腐でかさ増しするから、ボリューム満点。
食感が残るのもおいしさの決め手。野菜の彩りも◎

材料（2人分）

とりひき肉	100g
焼き豆腐	100g
カットトマト缶	100g
玉ねぎ	1/2個（100g）
にんじん	50g
切り干し大根	10g
にんにく、しょうが	各1片
（またはチューブ各小さじ1）	
塩	適量
カレー粉	10g
水	250ml
オリーブ油	適量
温かいご飯	適量

〈蒸し野菜〉

かぼちゃ	70g
赤パプリカ	1/4個
エリンギ	大1本

作り方

1. 切り干し大根は水（分量外）でさっと戻し、水けを絞って食べやすい長さに切る。玉ねぎ、にんじん、にんにく、しょうがは粗みじん切りにする。蒸し野菜の材料は1cm角に切る。

2. フライパンにオリーブ油大さじ1、にんにく、しょうが、玉ねぎ、にんじん、塩ふたつまみを入れ、香りが立つまで弱火で炒める。

3. トマト缶、ひき肉、焼き豆腐、切り干し大根を加え、焼き豆腐をくずしながら、肉の色が変わるまで中火で煮る。

4. カレー粉、塩小さじ1/2、水を加える。クッキングシートを30cm長さに切って敷き（P15参照）、カレーの上にのせる。蒸し野菜をのせ、塩少々をふってふたをし、カレーがとろりとするまで中火で8〜9分蒸す。

5. 蒸し野菜に火が通ったらクッキングシートごと取り出し、蒸し野菜をオリーブ油小さじ2であえる。カレーは強めの中火で2〜3分煮て塩少々で調味し、ご飯とともに器に盛る。

煮ているカレーの上で蒸し野菜に火を通す一石二鳥レシピ。野菜は火通りが均一になるよう、小さめの角切りにして。

海鮮ときのこのパエリア

具材とお米を炒めたら、あとはほぼほったらかしでOK。
削りがつおの風味が海鮮の味とうまみを底上げ!

材料(4人分)

冷凍シーフードミックス	150g
米	2合
玉ねぎ	1/2個(100g)
エリンギ	大1本
しめじ	80g
まいたけ	50g
にんにく	1片
しょうが	1/2片
削りがつお	3g
塩	ひとつまみ
A 水	400ml
酒	大さじ1
オイスターソース	大さじ1
塩	小さじ1/4
油	大さじ1

作り方

① 玉ねぎ、にんにく、しょうがはみじん切りにする。きのこ類は食べやすい大きさに裂く。シーフードミックスは半解凍させる。

② フライパンに油、にんにく、しょうが、玉ねぎを入れて香りが立つまで弱火で炒める。

③ シーフードミックス、きのこ類、削りがつお、塩を加えて中火にし、油が全体になじむように炒める。

④ 米を洗わずに加えてさらに炒め、透明になってきたらAを加えて混ぜる。

⑤ ふつふつとし始めたらふたをし、弱火で13分蒸し焼きにする。火を止め、ふたをしたまま7分おく。好みでみょうがの細切り、貝割れ大根をのせる。

とうもろこしのパエリア

とうもろこしが旬の時期にぜひ作ってほしい一品。乾燥小えびと塩昆布がおいしさの決め手。うまみを吸ったお米が絶品！

材料（4人分）

とりもも肉	150g
米	2合
とうもろこし	1本
ミニトマト	8個
玉ねぎ	1/2個（100g）
にんにく	1片
乾燥小えび	5g
塩	ひとつまみ
A 水	400ml
酒、しょうゆ	各大さじ1
塩	ひとつまみ
塩昆布	5g
油	大さじ1

作り方

1. とうもろこしは半分は2〜3cm幅の半月切りにし、残りは包丁で削いで実を芯から外す。玉ねぎ、にんにくは粗みじん切りにする。とり肉はトレーの中でキッチンばさみでひと口大に切って塩をふる。

2. フライパンに油、にんにく、小えびを入れ、香りが立つまで弱火で炒める。玉ねぎ、米を洗わずに加えて中火にし、炒める。

3. 全体に油がなじんだら奥に寄せる。空いたところにとり肉を皮目を下にして加え、皮目に焼き色がついたら上下を返す。米は焦げないようにときどき混ぜながら炒める。

4. とり肉のもう一面に焼き色がつき、米が透明になったらAを加えて全体を混ぜる。

5. 煮立ったらとうもろこし、ミニトマトを加えてふたをし、弱火で13分加熱する。火を止め、ふたをしたまま10分おく。好みで青じそのせん切りをのせる。

ワンパン豆腐ビビンバ

手間がかかるビビンバもフライパン蒸しなら一気に調理可能。
焼き豆腐を焼きつけて香ばしさを出すと、肉なしでも満足感あり

材料(2人分)

焼き豆腐・・・・・150g
えのきたけ・・・・1袋(100g)
豆もやし・・・・・100g
小松菜・・・・・・1わ
にんじん・・・・・50g
塩・・・・・・・・ひとつまみ
〈辛みそ〉
　みそ・・・・・・小さじ2
　コチュジャン・・小さじ1
Ⓐ しょうゆ・・・・大さじ1
　砂糖・・・・・・小さじ1
　塩・・・・・・・ひとつまみ
　水・・・・・・・80ml
　ごま油・・・・・小さじ2
Ⓑ ごま油・・・・・大さじ1
　しょうゆ・・・・小さじ2
　おろしにんにく・小さじ1
　こしょう・・・・ふたつまみ

作り方

①　えのきは長さを半分にしてほぐす。小松菜は食べやすい長さ、にんじんはせん切りにする。辛みその材料は混ぜる。

②　フライパンに焼き豆腐、Aを入れてざっくりとつぶしながら混ぜる。クッキングシートを30cm長さに切って広げ(P15参照)、豆腐にのせる。シートに塩をふり、えのき、もやし、小松菜、にんじんの順に重ねる。中火にかけ、ふつふつし始めたらふたをして弱火で7分加熱する。

③　にんじんがしんなりしたら火を止める。シートごと取り出してBを加えてあえ、味をみて足りなければ塩で調味する。

④　焼き豆腐は強めの中火で水分を飛ばす。

⑤　器に温かいご飯(分量外)を盛り、③、④、辛みそをのせる。好みでキムチ、ゆで卵をのせる。

包み蒸しルーローハン

オイスターソースのコクとにんにくでパンチをきかせて。
包んで蒸すからしっとり仕上がり、味もギュッと凝縮する

材料(2人分)

- 豚ヒレ肉・・・・・・200g
- しいたけ・・・・・・4個
- 長ねぎの白い部分・・・1/2本分
- チンゲン菜・・・・・1株
- 卵・・・・・・・・・2個
- 片栗粉・・・・・・・小さじ4
- A オイスターソース・・大さじ1
  - しょうゆ、ごま油、砂糖
    ・・・・・・・・各小さじ2
  - おろしにんにく・・・小さじ1/2
  - 塩・・・・・・・・ふたつまみ
  - こしょう・・・・・ひとつまみ
- 温かいご飯・・・・・適量

作り方

1. しいたけは軸は粗みじん切り、かさは半分に切る。ねぎは2cm長さ、チンゲン菜は縦4等分に切る。
2. 豚肉はキッチンばさみで1cm四方の棒状にし、トレーの中にAを加えてあえる。
3. クッキングシートを35cm長さに2枚切って広げ、片栗粉を小さじ2ずつのせ、②を半量ずつ加えて片栗粉をまぶす。①の半量ずつを加え、肉を野菜の上にのせ、キャンディ包みにする(P19参照)。卵はよく洗って殻ごとそれぞれアルミホイルに包む。
4. フライパンに③をのせ、クッキングシートの下に水130ml(分量外)を注ぎ入れて中火にかける。ふつふつとしてきたらふたをして弱めの中火にし、7分加熱する。火を止めて卵を取り出し、残りはふたをして3分おく。卵は冷水に当てて冷やす。
5. ④のクッキングシートの包みをあけ、肉と野菜を端に寄せる。空いたところに温かいご飯を盛り、卵を割り入れる。

根菜蒸しガパオ

歯ごたえのよい根菜類に、ちょっぴり辛みをきかせて食欲が進む味つけに。面倒な目玉焼きも一緒に仕上げます!

材料(2人分)

- とりひき肉 ・・・・・・140g
- 玉ねぎ ・・・・・・・70g
- れんこん ・・・・・・70g
- にんじん ・・・・・・50g
- 赤パプリカ ・・・・・1/4個
- A オイスターソース ・・小さじ2
  - しょうゆ ・・・・・小さじ1
  - 豆板醤 ・・・・・・小さじ1/2
  - 塩 ・・・・・・・・ふたつまみ
  - こしょう ・・・・・少々
- 卵 ・・・・・・・・・2個
- バジル ・・・・・・・大3枚
- ごま油 ・・・・・・・小さじ3
- 温かいご飯 ・・・・・適量

作り方

1. 玉ねぎ、にんじん、赤パプリカは7mm角に切る。れんこんは薄い輪切りにする(大きければ半月切りにする)。

2. フライパンにごま油をひいて中火で熱し、玉ねぎ、にんじんを加えて炒める。玉ねぎがしんなりしたらひき肉を加えて炒める。肉の色が変わったら、れんこん、赤パプリカ、Aを加えて混ぜる。味をみて足りなければ塩で調味する。

3. 平らにしてくぼみをふたつ作り、卵を割り入れる。バジルをちぎりながら加え、ふたをして弱めの中火で5分蒸し焼きにする。ご飯とともに器に盛る。好みでバジルを飾る。

塩麹
カオマンガイ

炊飯器で作れるカオマンガイですが、
フライパンでも簡単にできちゃいます！
混ぜるだけの甘辛だれも絶品です

材料（2人分）

- とりもも肉・・・・・1枚（250g）
- A ┬ 酒・・・・・・・大さじ1
  └ 塩麹・・・・・・大さじ1と1/2
- しょうが・・・・・・1/2片
- にんにく・・・・・・1片
- 米・・・・・・・・・1合
- 水・・・・・・・・・330ml
- 長ねぎの青い部分・・1本分
- 塩・・・・・・・・・ふたつまみ
- 油・・・・・・・・・小さじ2
- 〈たれ〉
- ┬ 長ねぎ（みじん切り）
  │　・・・・・・・10cm分
  │ しょうゆ・・・・大さじ1
  │ 砂糖、ごま油・・各小さじ2
  │ オイスターソース・・小さじ1
  └ 豆板醤・・・・・小さじ1/2

作り方

① とり肉はトレーの中でAを両面に塗り込み、落としラップをして冷蔵室で30分〜1日おく。

② しょうがはせん切り、にんにくはみじん切りにする。たれの材料は混ぜる。

③ フライパンに油をひいて弱火で熱し、しょうが、にんにくを入れて炒める。香りが立ったら米を洗わずに加えて中火にする。米が透明になってきたら水、塩を加えてさっと混ぜ、①、ねぎをのせる。

④ 煮立ったらあくを軽く取ってふたをし、弱火で13分煮る。火を止め、ふたをしたまま7分おく。とり肉を食べやすく切ってご飯とともに器に盛り、好みできゅうりやパクチー、ミニトマト（黄）などを添える。たれを添え、かけながら食べる。

なめこスパイスうどん

なめこのほどよいとろみが、具材と麺のいいまとめ役に。
カレー粉とにんにく、しょうがで食欲アップの味つけ

材料(2人分)

豚こま切れ肉	・・・・	140g
ゆでうどん	・・・・・	2玉
玉ねぎ	・・・・・	100g
にんじん	・・・・・	50g
なめこ	・・・・・・	1袋

A
- カレー粉・・・・・大さじ1
- 酒、しょうゆ・・・各小さじ2
- おろしにんにく・・・小さじ1/2
- おろししょうが・・・小さじ1
- 塩・・・・・・・・ふたつまみ
- こしょう・・・・・ひとつまみ

小ねぎ(小口切り)・・・適量

作り方

① 玉ねぎは薄切り、にんじんは縦半分に切って斜め薄切りにする。なめこはさっと洗う。

② 豚肉のトレーにAを加えて混ぜる。

③ クッキングシートを35cm長さに2枚切って広げ、①、②の順に半量ずつ広げる。うどんをさっとぬらして軽くほぐし、1玉ずつのせてキャンディ包みにする(P19参照)。

④ フライパンにのせ、クッキングシートの下に水130ml(分量外)を注ぎ入れて中火で加熱する。ふつふつとし始めたらふたをして弱めの中火で10分蒸す。火を止め、ふたをしたまま3分おく。器に盛り、小ねぎをのせる。

材料(2人分)

豚こま切れ肉・・・・140g
焼きそば用麺・・・・2玉
キャベツ・・・・・・80g
赤パプリカ・・・・・1/2個
もやし・・・・・・・100g
乾燥小えび・・・・・小さじ1
A┃酒・・・・・・・・大さじ1
　┃ごま油・・・・・・大さじ1
　┃しょうゆ・・・・・小さじ2
　┃おろしにんにく、おろししょうが
　┃・・・・・・・・各小さじ1/2
　┃こしょう・・・・・ひとつまみ
塩・・・・・・・・・ふたつまみ

五目塩焼きそば

炒めるよりも、ふんわりしっとり仕上がる包み蒸し焼きそば。
乾燥小えびのうまみと香ばしさがおいしさをぐっと底上げ

作り方

1. キャベツ、パプリカはひと口大に切る。豚肉はトレーの中に小えび、Aを加えてからめる。
2. クッキングシートを35cm長さに2枚切って広げ、塩をひとつまみずつふる。①ともやしの半量ずつを入れ、焼きそば用麺1玉ずつのせてキャンディ包みにする(P19参照)。
3. フライパンに並べ、クッキングシートの下に水130ml(分量外)を注ぎ入れて中火で加熱する。ふつふつとし始めたらふたをして弱めの中火で7分蒸す。火を止めて包みの口を開け(やけどに注意する)、麺をほぐす。ふたたび口を閉じ、フライパンにふたをして3分おく。味をみて足りなければ塩で調味する。器に盛り、好みで刻みのりをのせる。

重ね煮ミートソース

野菜の水分とトマト缶だけの水分で煮るミートソースは
味がギュッと凝縮して、顆粒だしなしでも十分おいしい

材料(作りやすい分量)

豚ひき肉・・・・・350g
玉ねぎ・・・・・1と1/2個
にんじん・・・・・1本(150g)
しめじ・・・・・1/2袋(50g)
えのきたけ・・・・1/2袋(50g)
にんにく(みじん切り)
　・・・・・1片分
カットトマト缶・・・400g
オリーブ油・・・・大さじ1と1/2
酒・・・・・大さじ2
塩・・・・・適量
こしょう・・・・・ふたつまみ

作り方

1) 玉ねぎ、にんじんは7〜8mm角、きのこ類は7mm長さに切る。

2) フライパンにオリーブ油、にんにく、塩ふたつまみ、きのこ類、トマト缶、にんじん、玉ねぎ、ひき肉、塩ふたつまみ、こしょうの順に広げ入れる。

3) 酒を加え、あればローリエを加える。ふたをして弱めの中火で20分加熱する。

4) ふたを外し、水分を飛ばすようにして煮る。味をみて足りなければ塩、こしょうで調味する。

まずはシンプルにスパゲッティに合わせて。野菜のうまみや甘みがじっくり引き出され、市販のミートソースに負けないおいしさに。

ミートソースにみそと牛乳で
まろやかなコクをプラス

アレンジ①
ミートソースドリア

材料(2人分)

重ね煮ミートソース
　　・・・・・・130g
温かいご飯・・・300g
バター・・・・・20g
A ┌ みそ・・・・・小さじ1
　├ 牛乳・・・・・大さじ1
　└ 塩・・・・・・ひとつまみ
ピザ用チーズ・・適量

作り方

1. 耐熱皿にAを入れて混ぜ、ご飯、バターを加えてさらに混ぜる。バターが溶けて全体に調味料が混ざったら平らにならす。
2. ミートソースを広げてピザ用チーズをのせる。オーブントースターでチーズに焼き色がつくまで8〜10分焼く。

パリッと焼いたチキンに
ミートソースがよく合う

アレンジ②
チキンステーキワンプレート

材料(2人分)

重ね煮ミートソース
　　・・・・・・120g
温かいご飯・・・300g
パセリ・・・・・1枝
A ┌ オリーブ油・・小さじ2
　├ 塩・・・・・・ひとつまみ
　└ こしょう・・・少々
とりもも肉・・・1枚(250g)
塩・・・・・・・ふたつまみ
油・・・・・・・小さじ1

作り方

1. パセリはみじん切りにする。とり肉は両面に塩をふる。
2. フライパンに油を薄く塗り、とり肉を皮目を下にして入れる。弱火にかけ、10分焼く。
3. 皮目に焼き色がついたら上下を返し、3分焼く。
4. ご飯にパセリとAを加えて混ぜる。器に盛って食べやすく切った③をのせ、温めたミートソースをかける。

おわりに

初めての社会人経験は広告代理店の営業職でした。いまでこそ信じられませんが、忙しすぎて夕飯はポテトチップスだけというようなことも。
あるとき「食べるものくらいはきちんと！」と決意し、自炊をするように。そのころから、旬の野菜と肉を一緒に食べられる蒸しものをよく作り始めました。

忙しい中で作れるのは簡単な料理ばかりでしたが、「料理ができた私、えらいぞ」「自分にもできることはあるぞ」と、自己を認めてあげられるようになったのが料理で、自分らしくいられる心が自由な時間でした。

この本では、いつかの私のように、日々クタクタだけど、料理することがちょっとした息抜きになる、そんな人にとくに作ってほしいレシピを紹介しました。
「今日は疲れたから何か食べて帰ろうかな、それとも、何か買って家で食べようか……」。そこに、「いや、肉と野菜だけ買ってパパッと作っちゃおうかな」というカードをプラス。
簡単レシピを知っているだけで面倒な自炊も気持ちがラクに。
この本のレシピが、忙しい日々を助ける選択肢のひとつになり、キッチンに立つキッカケになればうれしいです。

山本りい子

料理家・フードコーディネーター。レシピメディアで1,200品を超えるレシピを開発後、パン屋勤務、オーガニックスーパーでの商品開発を経て独立。旬の食材を使った、シンプルだけど食べごたえのある料理が得意。フライパン蒸しを中心としたレシピをインスタグラムで投稿している。また、季節の手仕事を行ったり、自家製調味料を作ったりと、食べること・料理することが大好き。少人数制の料理教室も不定期で開催している（詳しくはインスタグラムにて）。

@rico_____food

撮影	森 尊弘　山本りい子
スタイリング	坂田絵里子　山本りい子
デザイン	太田知秀
校正	根津桂子　麦秋アートセンター
編集協力	結城 歩　遊馬里江

夜遅くてもパパッとできる ほどほど丁寧ごはん

2024年12月2日　初版発行

著　者　山本りい子
発行者　三宅 明
発　行　株式会社KADOKAWA LifeDesign
　　　　〒102-8077
　　　　東京都千代田区五番町3-1
　　　　五番町グランドビル2階
　　　　電話　0570-030-025（内容問い合わせ）
　　　　https://www.lettuceclub.net/
　　　　※上記サイト内「お問い合わせ」よりお寄せください。

発　売　株式会社KADOKAWA
　　　　〒102-8177
　　　　東京都千代田区富士見2-13-3
　　　　電話　0570-002-008（購入・交換窓口）

印刷・製本　TOPPANクロレ株式会社

本書の無断転載（コピー、スキャン、デジタル化等）並びに無断複製物の譲渡および配信は、著作権法上での例外を除き禁じられています。
また、本書を代行業者等の第三者に依頼して複製する行為は、たとえ個人や家庭内での利用であっても一切認められておりません。

定価はカバーに表示してあります。

©yamamotoriiko2024　Printed in Japan　ISBN978-4-04-000722-9 C0077